CALIGRAFÍA CON PINCEL

Cuaderno práctico
de caligrafía
con pincel redondo

GINA SERRET

terapiasverdes

Argentina – Chile – Colombia – España
Estados Unidos – México – Perú – Uruguay

Primera edición: mayo 2018
Copyright © 2018 by Gina Serret
All Rights Reserved
© 2018 by Ediciones Urano, S.A.U.
Plaza de los Reyes Magos 8, 1.º C – 28007 Madrid
www.edicionesurano.com/www.terapiasverdes.com

Diseño de cubierta: Gina Serret
Caligrafía, textos e ilustraciones: Gina Serret
Diseño y maquetación: Gina Serret
Tipografías utilizadas: *Kepler* (Robert Slimbach)
y *Foundry Sterling* (The Foundry)

Gracias, Ivan, por regalarme esta oportunidad.

ISBN: 978-84-16972-47-0
Depósito legal: B-8.949-2018

Reservados todos los derechos. Queda rigurosamente prohibida, sin la autorización escrita de los titulares del *copyright*, bajo las sanciones establecidas en las leyes, la reproducción parcial o total de esta obra por cualquier medio o procedimiento, incluidos la reprografía y el tratamiento informático, así como la distribución de ejemplares mediante alquiler o préstamo público.

Impreso por: UNIGRAF, S.L.
Avda. Cámara de la Industria 38 – 28938 Móstoles (Madrid)

Impreso en España – *Printed in Spain*

#CaligrafiaConPincel
@GinaSerret

PRESENTACIÓN

Escribir con pincel no es una tarea fácil, pues la flexibilidad de la herramienta dificulta el control del trazo respecto al uso de material más rígido como es el de la pluma metálica. En este cuaderno práctico de iniciación a la caligrafía con pincel podrás aprender desde cero a manejar el pincel redondo para conseguir escribir frases y textos con ritmo y armonía.

Estructura e inclinación propias de la letra itálica

Concretamente, vamos a estudiar caligrafía en base a la letra itálica, cuyas formas son el fundamento de nuestra escritura actual.

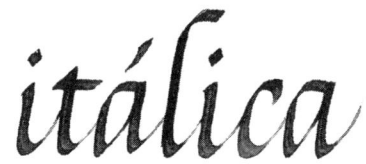

La caligrafía itálica, con origen en la Italia renacentista del siglo xv, se caracteriza por tener una estructura angular —en forma de zigzag— y ser una escritura de trazos continuos y, por tanto, relativamente ágil y sencilla. Además, presenta una ligera inclinación debida, seguramente, a esta agilidad que la distingue de otros estilos caligráficos más complejos. También es conocida popularmente con el nombre de *cursiva*.

Durante todo el libro trataremos de seguir la estructura de la caligrafía itálica, así como su suave inclinación. Esta inclinación en las letras debe ser uniforme a lo largo del texto. Dada la dificultad de conseguir esta uniformidad, utilizaremos guías de referencia para simplificar la tarea.

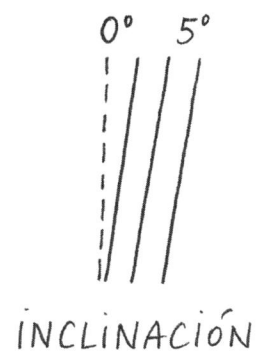

Cómo verás, en cada página la pauta muestra una repetición de líneas levemente inclinadas —concretamente 5°— que nos marcarán la orientación deseada de las letras. La separación entre estas líneas oblicuas es de 3 mm, que vendría a ser el ancho ideal para los trazos más gruesos.

Aunque aquí inclinamos 5° la letra, hay que aclarar que en la caligrafía con pincel no hay una única inclinación válida. Realmente se puede trabajar con la inclinación que se desee, aunque para empezar es mejor no intentarlo con un torcimiento demasiado exagerado. Si lo deseas, más adelante podrás experimentar con letras mucho más torcidas.

Alineaciones

Retomando el uso de la pauta, a lo largo del cuaderno observarás distintas retículas base: de más simples a más complejas. Y es que a medida que incorporemos nuevas letras, la pauta irá adaptándose a ellas. La retícula más completa estará formada por tres alturas diferenciadas: altura de «x» o altura del ojo medio (1), zona de ascendentes (2) y zona de descendentes (3).

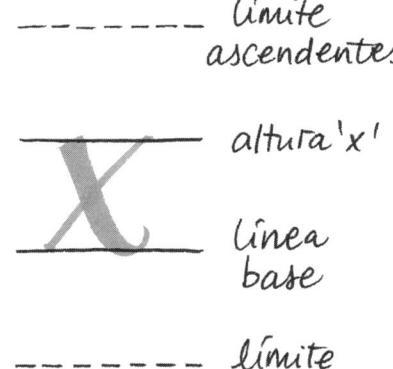

Estas alineaciones nos indican el límite de los trazos en las distintas letras del alfabeto. Las letras descendentes se extienden por debajo de la línea base, al contrario que las ascendentes, que suben por encima de la altura «x». También hay letras, como la «f», que tienen tanto ascendente como descendente.

    Normalmente, las zonas de ascendentes y de descendentes no son más altas que la altura de «x». Como verás, en la pauta de este libro ascendentes, descendentes y altura de «x» miden exactamente lo mismo, pero tanto ascendentes como descendentes podrían ser más cortas que la altura de «x» siempre que se mantenga la legibilidad.

Herramientas necesarias

Tal como indica el título de la publicación, todos los ejercicios están diseñados para ser practicados con pincel de punta redonda y flexible. Específicamente, recomendamos utilizar rotuladores-pincel de punta sintética y recargables, ya que son mucho más fáciles de manejar que los pinceles tradicionales. Actualmente hay una amplia oferta de marcas y modelos que producen este tipo de pinceles —Pentel®, Sakura®, etc. Existen también varios grosores en cada modelo de pincel recargable. Todos los ejercicios de este libro han estado diseñados con la punta de un grosor medio.

    Antes de ponerte a escribir es importante que compruebes que los pelos del pincel estén bien peinados. Tener la punta bien afilada es clave para lograr escribir las letras como indican las ejemplos.

    En cuanto a la tinta, puedes usar cargas si tu modelo de pincel dispone de ellas, usar tinta caligráfica negra para cargar el depósito del pincel o, directamente, sumergirlo en el bote a modo de tintero. Para hacer caligrafía evita usar tinta china de dibujo. Hay varias marcas comerciales de tinta caligráfica —Parker® Quink, Waterman®—, consulta tu proveedor habitual de papelería o bellas artes.

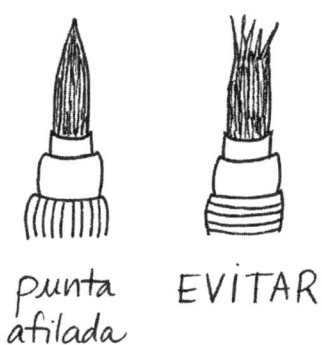

Control de la presión del pincel

El pincel redondo, ya sea rotulador-pincel o pincel tradicional, es extremadamente sensible a la presión. Si apretamos muy fuerte con la punta sobre el papel, el trazo saldrá demasiado grueso, con un exceso de mancha que posiblemente no deseamos. Se trata de buscar el equilibrio de presiones hasta encontrar el grosor que buscamos.

    Una vez controlada la fuerza a ejercer sobre el pincel, deberás conseguir trazar líneas con un grosor uniforme en todo su recorrido. Para lograrlo será imprescindible hacer una presión constante ya desde el inicio del trazo hasta el

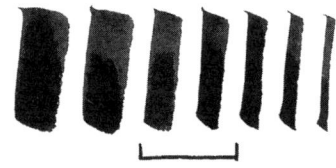

final. Manteniendo la misma presión, sin variar la fuerza, conseguirás trazos limpios y de grosor regular.

Modulación de trazos y juego de presiones
Al mismo tiempo, la flexibilidad propia del pincel es la que permite la modulación de los trazos, es decir, el contraste entre los trazos más finos y más gruesos. La presión que hagamos con el pincel sobre el papel determinará esta modulación. Ya hemos visto que cuanto más presión hagamos, más grosor de trazo conseguiremos, y al revés. La norma básica a seguir es la siguiente: presionar el pincel cuando hagamos trazos de arriba a abajo (de bajada) y soltar esta presión en los trazos que vayan en sentido contrario (de subida). Entendiendo y aplicando este juego de presiones del pincel serás capaz de reproducir letras como las del modelo.

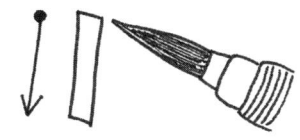

Un factor determinante para controlar constantemente la presión del pincel y aplicar un buen juego de presiones será el trabajo lento, sin prisas. Escribiendo más lentamente de lo que querríamos evitaremos perder el control del grosor de las letras y, consecuentemente, disminuir el contraste entre trazos finos y gruesos. Solo ralentizando los movimientos, sobretodo si te inicias en la caligrafía con pincel, conseguirás escribir letras con un elevado contraste entre sus trazos.

Posición del pincel sobre el papel
La posición correcta del pincel viene determinada por la dirección del trazo: vertical, horizontal o diagonal. Como norma, la punta del pincel deberá colocarse siempre perpendicular al trazo que queramos realizar. Siguiendo esta regla, en la mayoría de letras, el pincel lo colocaremos ligeramente por debajo de una posición completamente horizontal, de 0º. Específicamente, intentaremos que la punta siga un ángulo de −30º o esté señalando la posición sureste.

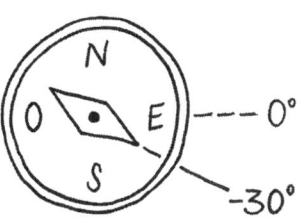

Más adelante verás que para realizar determinados movimientos de ciertas letras deberemos variar esta posición del pincel con el fin de buscar siempre la perpendicularidad de su punta respecto al trazo. Pero estos cambios son excepcionales. En cualquier caso, procura coger siempre el pincel de un modo cómodo y natural, como si escribieras con cualquier otra herramienta que te sea más cotidiana.

Posición ideal para escribir
Si eres diestro/a, intenta escribir con el libro completamente recto en frente tuyo. Así controlarás mejor los trazos rectos y las inclinaciones de las letras.

Por otro lado, como siempre, los zurdos no lo tenéis tan fácil. Si este es tu caso, una primera opción es que a partir de la posición recta del libro respecto a tu cuerpo, lo tumbes en sentido horario. Normalmente entre 45º y 90º de rotación —con la pauta en una posición casi vertical—, permiten una buena ejecución de las letras sin tener que forzar una posición extraña de la mano. De todas formas, no hay una única posición correcta, deberás encontrar la que te resulte más cómoda.

Sino, otra opción es olvidarte del ángulo de −30º (sureste) para colocar el pincel y hacerlo formando un ángulo de 30º (posición noroeste) pero desde la izquierda.

Elijas la que elijas, es posible que requieras de una dosis extra de paciencia, pero puedes conseguir unos resultados igual de buenos (¡o mejores!) que un diestro.

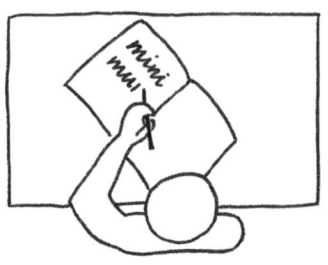

ZURDO/A

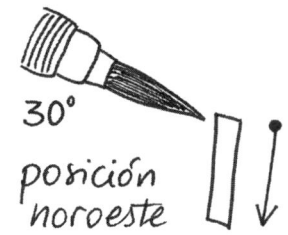

30º posición noroeste

Orden, tiempo y paciencia
Te recomendamos firmemente seguir el orden de prácticas del libro dada su distribución estudiada y lógica: de menos a más complejidad de formas. Si sigues paso a paso todos los ejercicios, cuando llegues al final del libro habrás entendido la mecánica de los trazos básicos y serás capaz de escribir casi sin pensar en ello.

No desesperes si tus resultados no son como los de ejemplo, es muy normal si es la primera vez que escribes con pincel. Ten paciencia y, sobretodo, no tengas prisa. En la caligrafía las prisas no son buenas. Relájate, tómate tu tiempo y si no te sale bien a la primera: inténtalo, equivócate, persiste y al final seguro acaba saliendo.

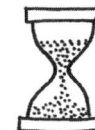

CONTROL
¡No hay que tener ninguna prisa!

Números y anotaciones
Por último, pero no menos importante, en la caligrafía es importante seguir el orden determinado de trazos para escribir cada letra. En los modelos verás que todas las letras se presentan con su *ductus* o movimiento de realización específico. Cada pequeño número corresponde a un trazo diferente —número de veces que debemos levantar el pincel del papel. Sigue el orden indicado para realizarlas correctamente.

También encontrás anotaciones a mano con pequeños trucos para mejorar tus trazos y conseguir una mejor caligrafía.

Si terminas una página pero crees que tus ejercicios aún no se asemejan demasiado a los del ejemplo, puedes continuar trabajando en una hoja aparte hasta que consigas unos mejores resultados. Aprovecha la pauta colocando una hoja en blanco suelta encima de la página del libro: verás que las guías se transparentan levemente. Al final del libro también encontrarás algunas páginas en blanco con dicha pauta. Esta te ayudará a escribir todas las letras con una misma altura e inclinación y un ancho similar

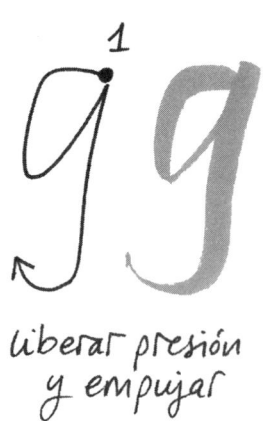

liberar presión y empujar

PARA EMPEZAR: TRAZOS BÁSICOS

En la caligrafía hay trazos básicos que se van repitiendo y que requieren cierta práctica. Antes de ponerte a escribir te recomendamos calentar la mano con estos gestos. Son muy básicos pero te ayudaran a coger soltura en el movimiento y tus resultados serán más satisfactorios.

Recuerda la regla básica para escribir con pincel redondo: cuando hagamos un trazo vertical cuyo sentido sea de arriba a abajo haremos una notable presión constante, mientras que haciendo el movimiento contrario —de abajo a arriba— apenas presionaremos el pincel contra el papel, más bien lo acariciaremos suavemente. De este modo conseguiremos el contraste deseado entre los trazos más finos y los más gruesos, es decir, lograremos la modulación ideal en cada letra.

Un truco: para obtener un corte oblicuo bien marcado también en la parte inferior de los trazos verticales, cuando llegues al extremo inferior de éste, retrocede con el pincel un poco hacia arriba, pisando el trazo.

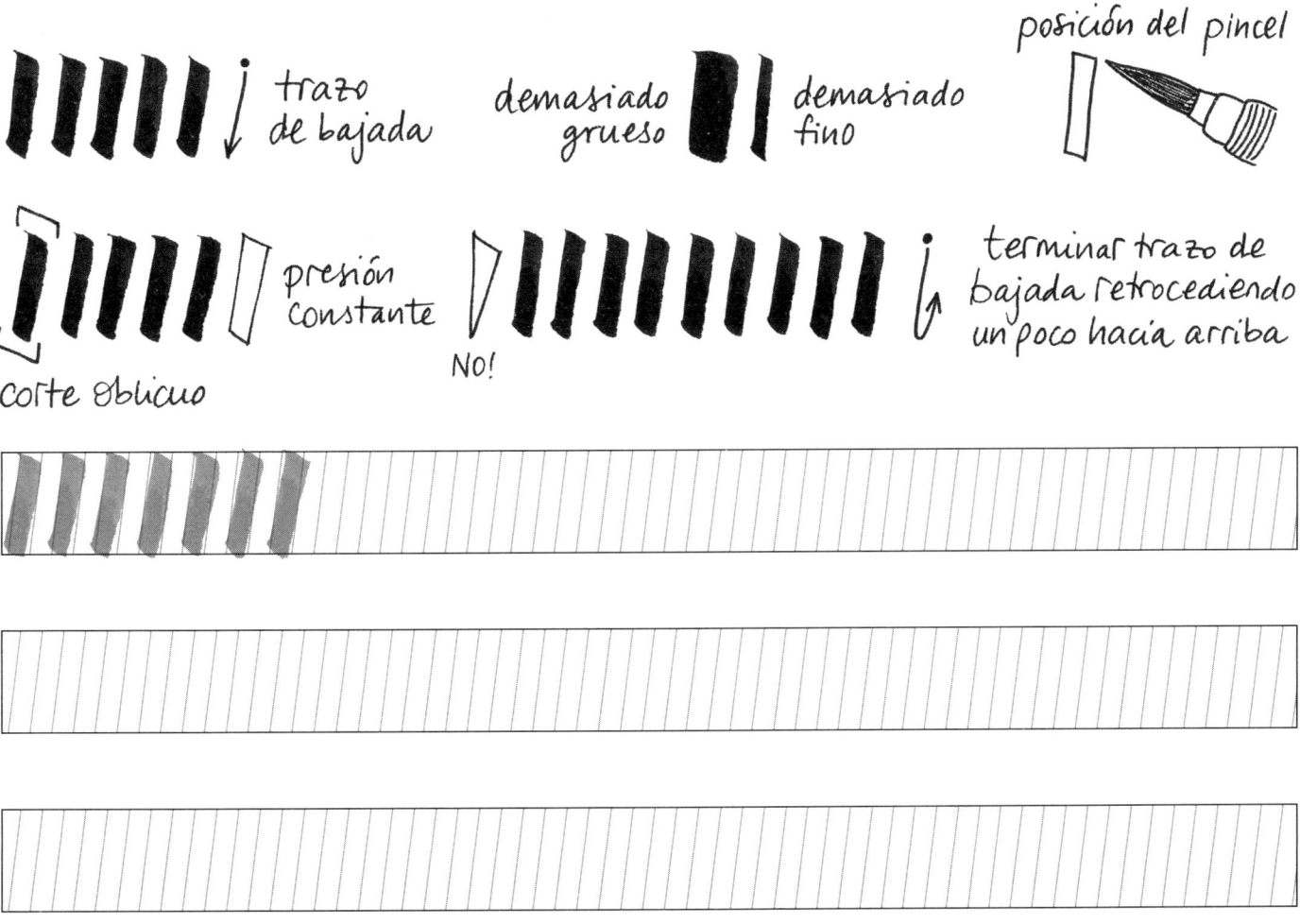

CALIGRAFÍA CON PINCEL

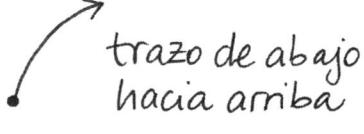 trazo de abajo hacia arriba

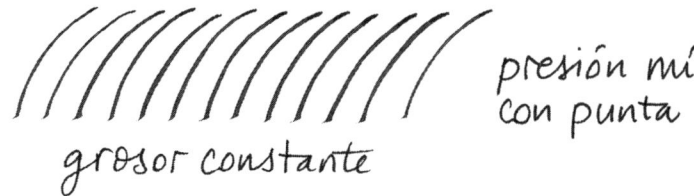 presión mínima con punta pincel

grosor constante

trazo de subida bien fino

mínima presión

combinación de presiones

trazo fino de subida en diagonal

trazo grueso de bajada

ritmo uniforme

estructura base en forma de zigzag

combinación de presiones

no exagerar curva, subida diagonal

CALIGRAFÍA CON PINCEL

PRIMERAS LETRAS: FAMILIA DE LA «N»

Ya conoces los trazos más básicos de la caligrafía con pincel. Llegó el momento de empezar a aplicarlos para construir letras. De nuevo, comenzaremos por las formas más fáciles e iremos evolucionando hasta llegar a las más complejas. Recuerda mantener el contraste entre los trazos finos y gruesos y tener presente el zigzag de la estructura base. Concéntrate para lograr un ritmo bien uniforme: con un ancho de letra y un espacio entre letras constantes. De momento vamos a practicar con letras sueltas, sin ligaduras entre ellas.

El primer grupo a trabajar será el de la familia de la «n». Entendiendo el *ductus* o los movimientos de esta letra, serás capaz de reproducir con éxito los otros caracteres de la familia. Fíjate como después de la primera bajada de la «n» hay un pequeño desplazamiento hacia la derecha antes de subir en diagonal para dibujar el puente. Con este sutil gesto horizontal conseguimos que la transición de grueso a fino en un mismo trazo sea mucho más limpia.

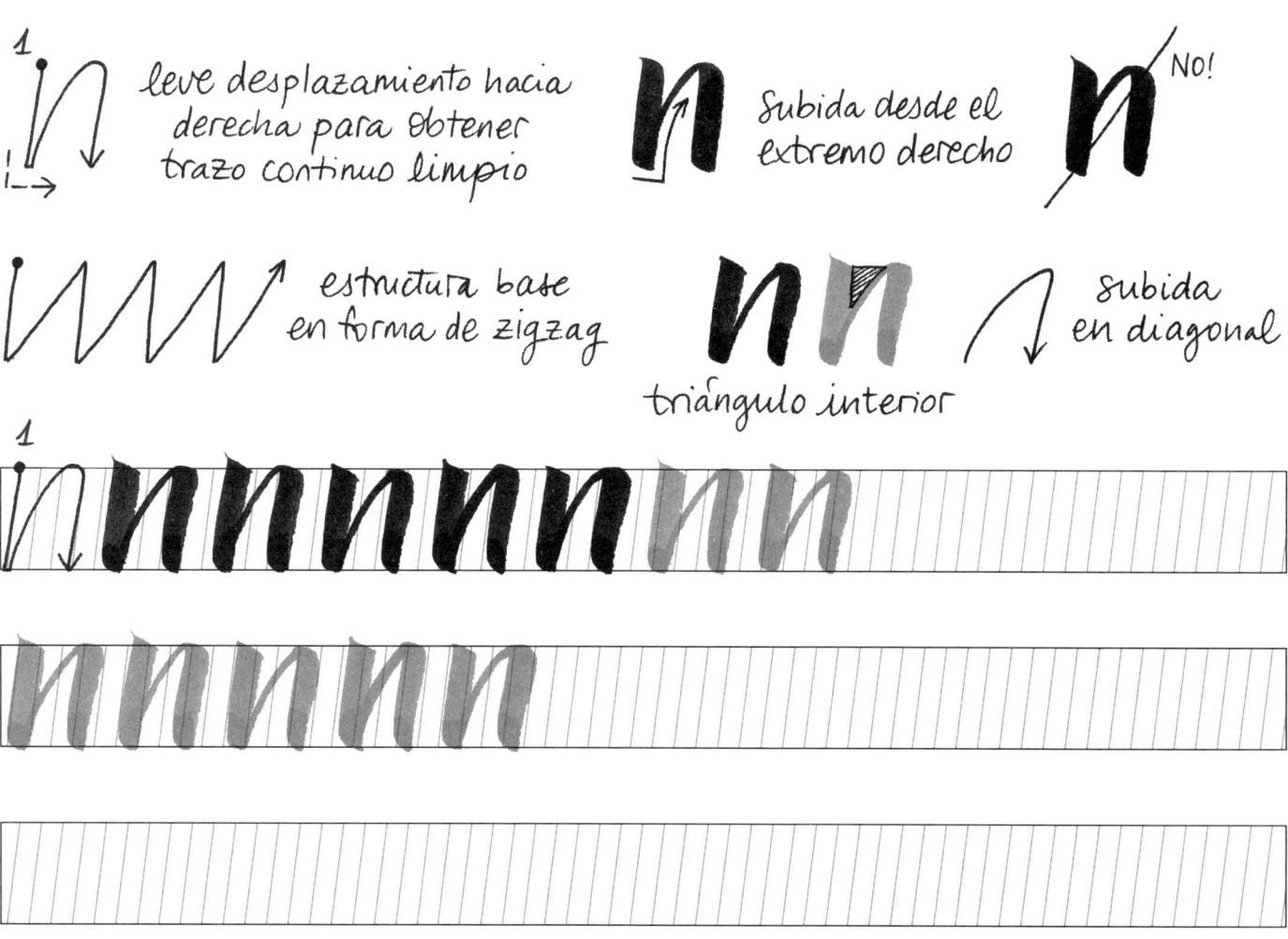

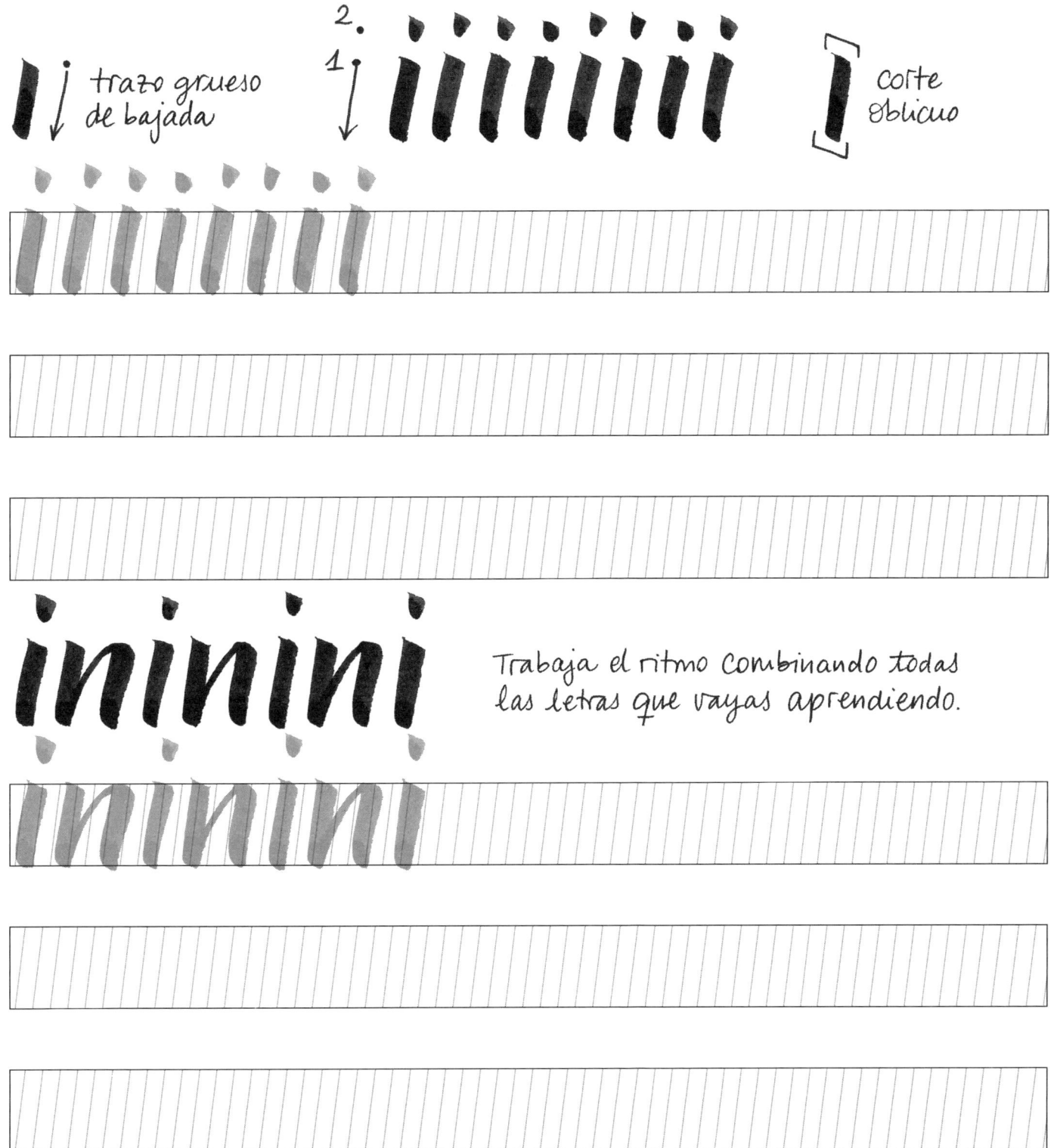

1

mmmmmmmm

mmm

mini

Para conseguir un buen ritmo, escribe palabras —aunque sean inventadas— y no letras sueltas.

mini mim nimi

uuuuuuuu triángulo interior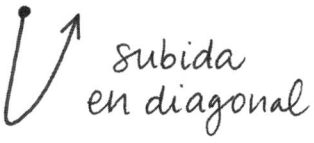

uuuuuu

minimum numi

minimum numi

↓1 r ligero remate con presión 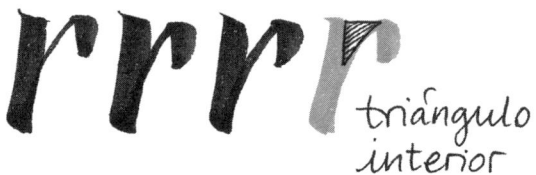 triángulo interior 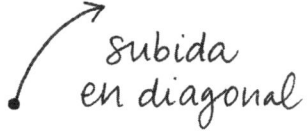 subida en diagonal

rrrrrrrr

rururu

un rimini murri

un rimini murri

Logra un buen ritmo escribiendo palabras con las letras que hemos aprendido hasta ahora: «i», «n», «m», «u» y «r». No importa que sean palabras inexistentes. Fíjate que entre ellas dejamos un espacio separador similar a la anchura de una «n» —como máximo.

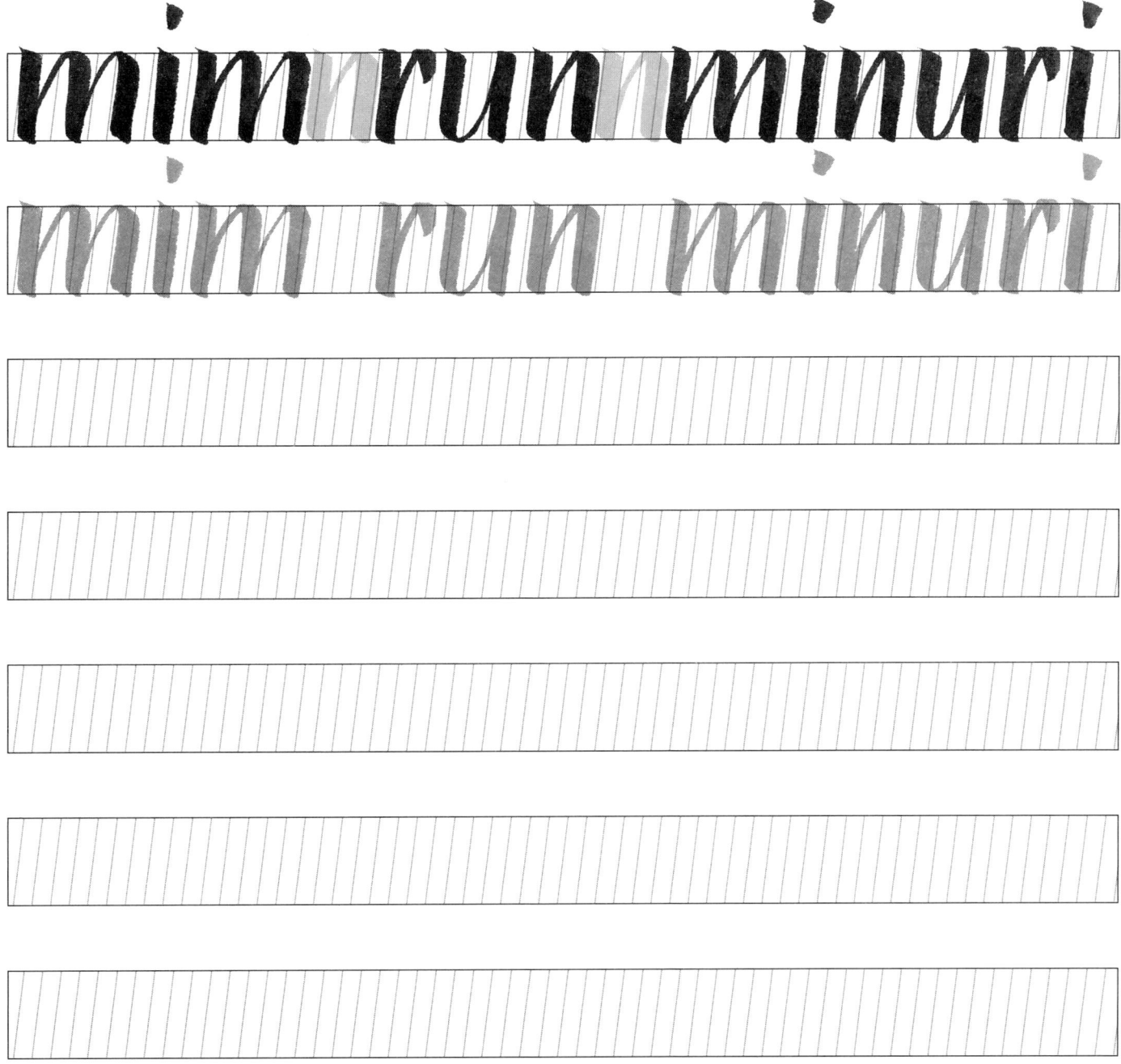

ASCENDENTES Y DESCENDENTES

Hasta el momento hemos aprendido a escribir letras cuya altura se mantenía dentro de la conocida altura de «x» —como su nombre indica, la altura propia de la letra «x» en minúscula— o altura del ojo medio (ver pág. 3). Pero ha llegado la hora de subir y bajar más allá de esta zona para aprender nuevas letras del alfabeto.

    Es importante que sigas escribiendo siempre por encima de la línea base, a partir de la página siguiente más gruesa y marcada con un pequeño triángulo negro. Aquí, donde reposa el triángulo, es también donde debe reposar la parte central de las letras —el llamado ojo medio.

    Antes de seguir con el resto de formas de la familia de la «n» es mejor que pruebes cómo se te da hacer trazos verticales el doble de largos. Intenta mantener la misma presión sobre el pincel durante el movimiento de bajada y no olvides que para conseguir el corte oblicuo del trazo al inicio y al final de éste, cuando llegues abajo retrocede y sube un poco pisando con el pincel el mismo trazo de bajada.

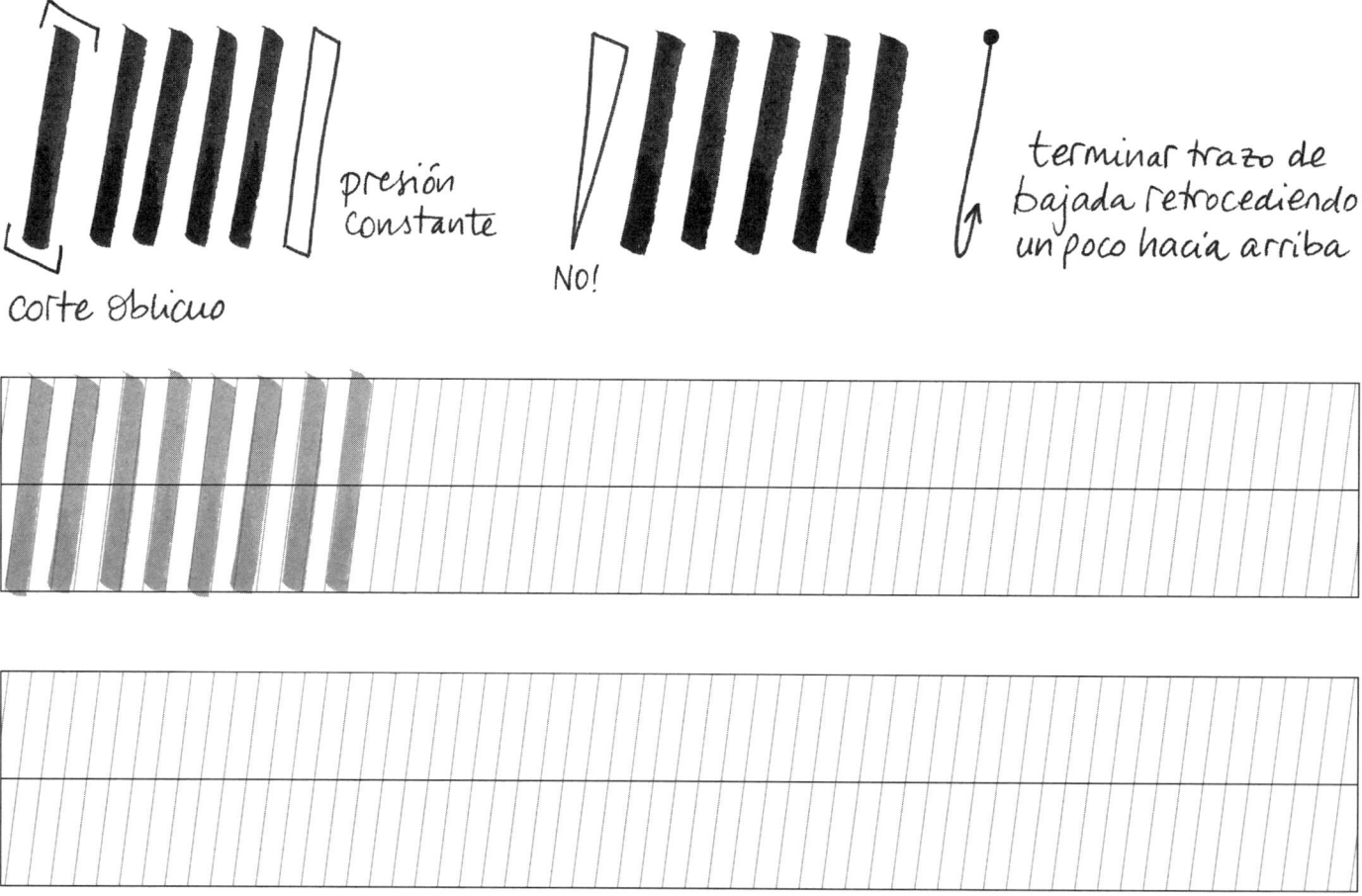

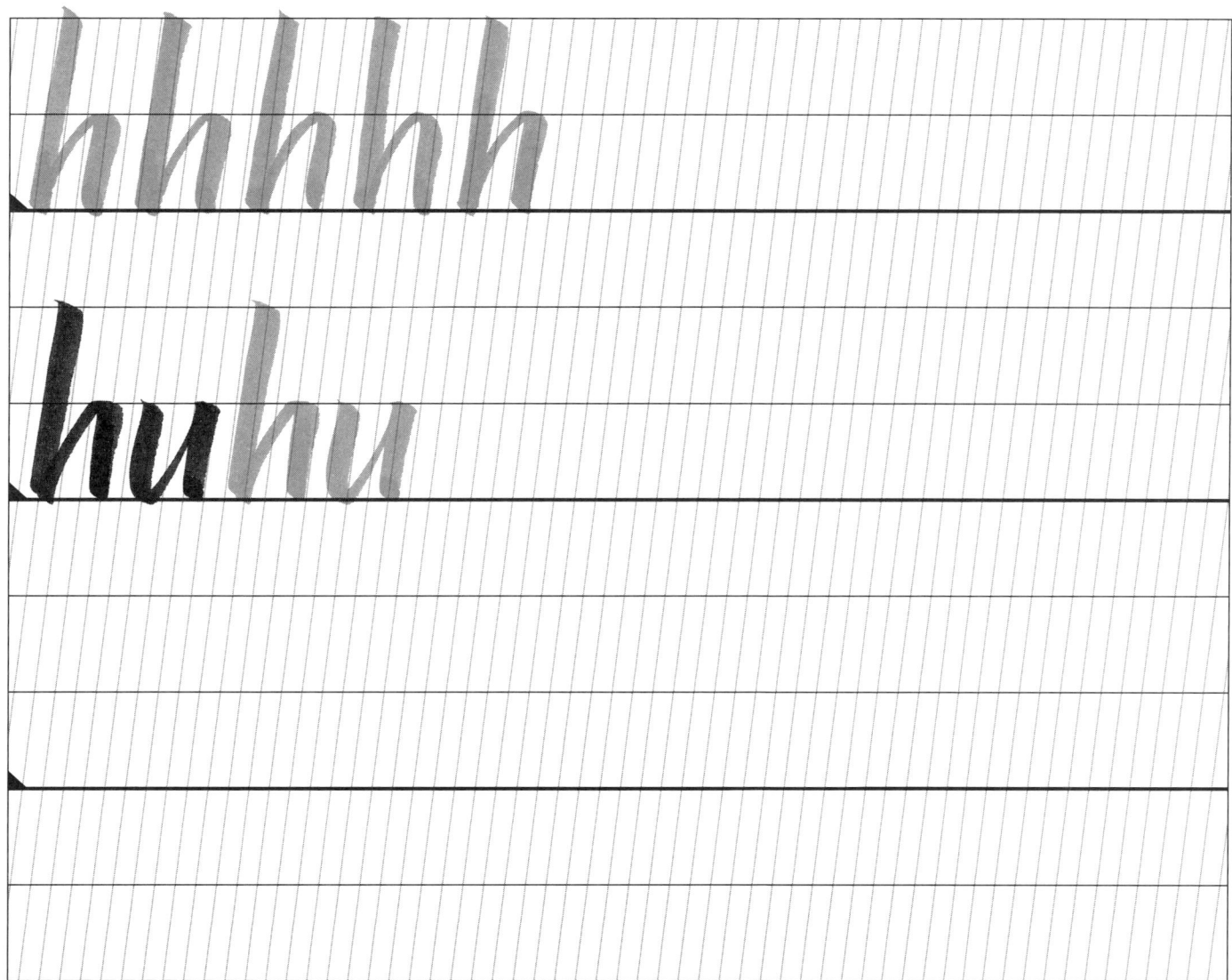

triángulo interior

CALIGRAFÍA CON PINCEL

Escribe palabras reales o inventadas que combinen las letras que hemos visto hasta aquí. Intenta mantener la regularidad tanto en las formas como en las contraformas (los espacios blancos interiores y exteriores de la letra).

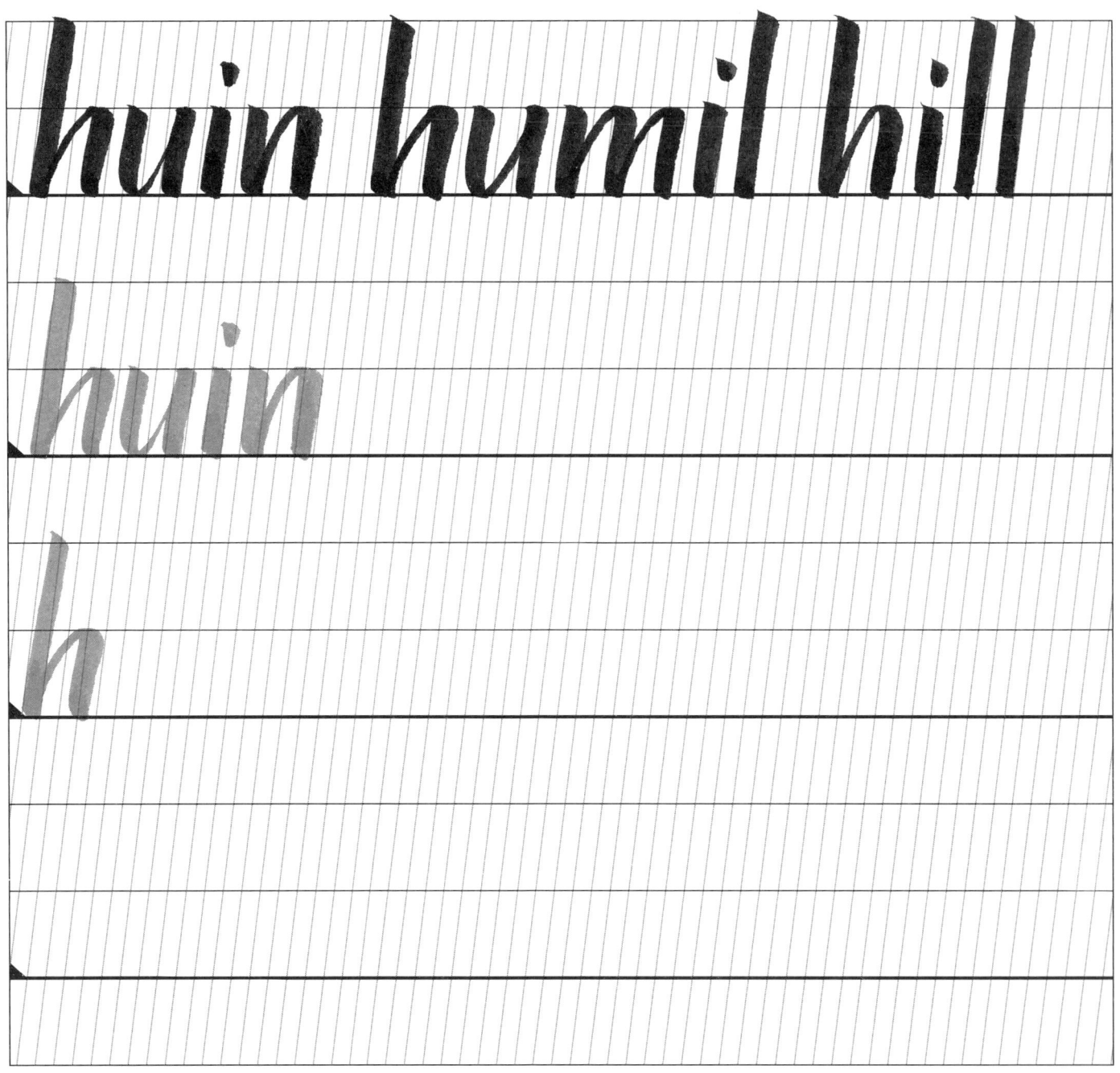

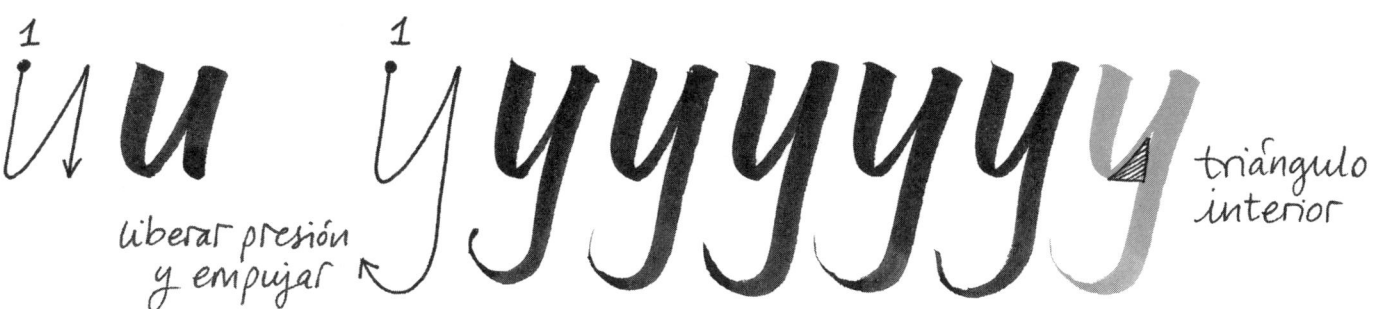

CALIGRAFÍA CON PINCEL

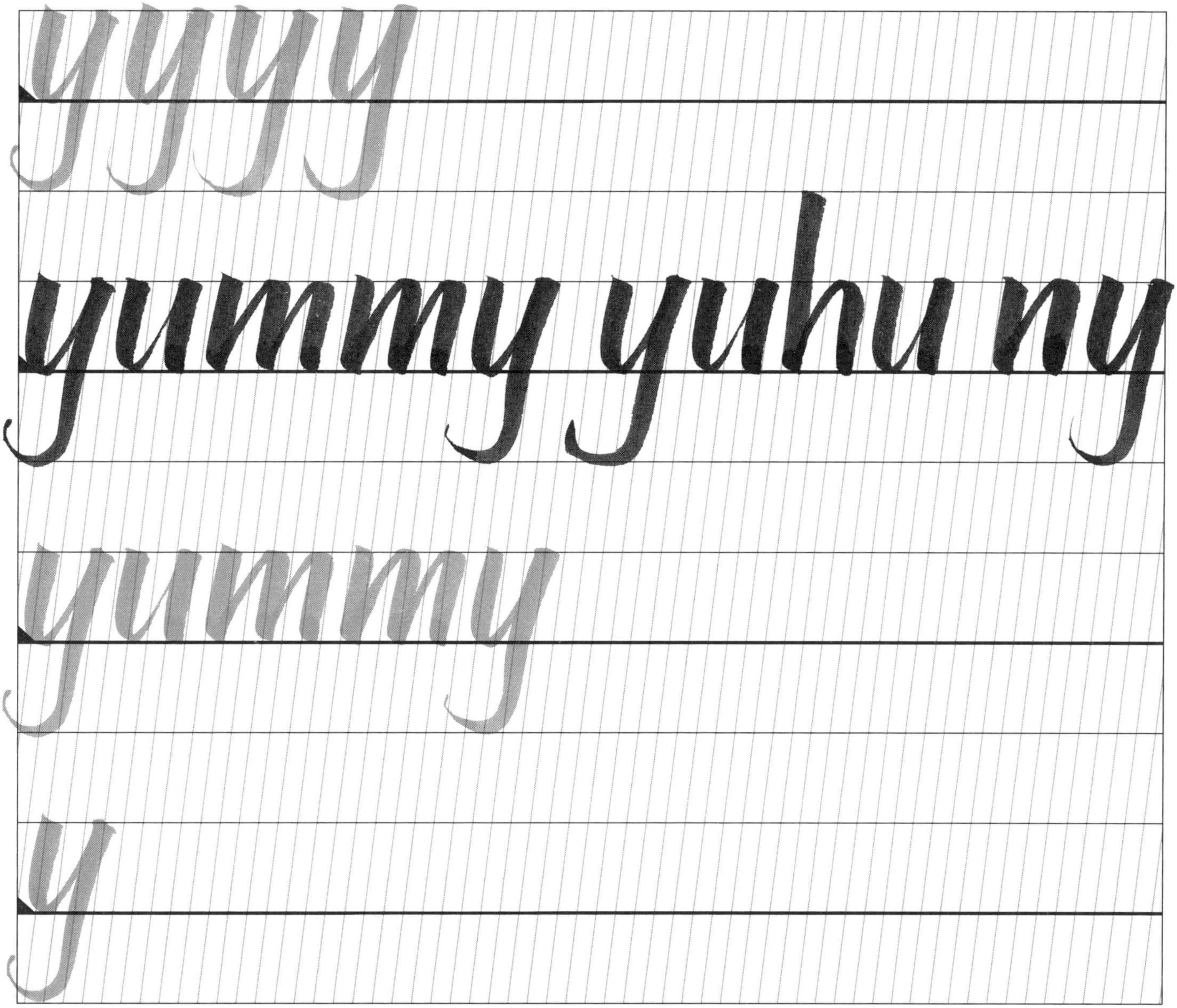

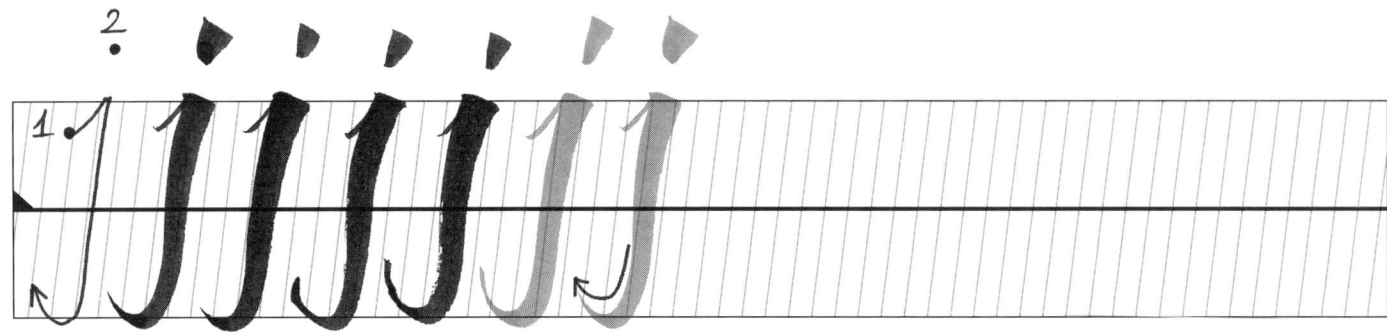

Salida: liberar presión y empujar

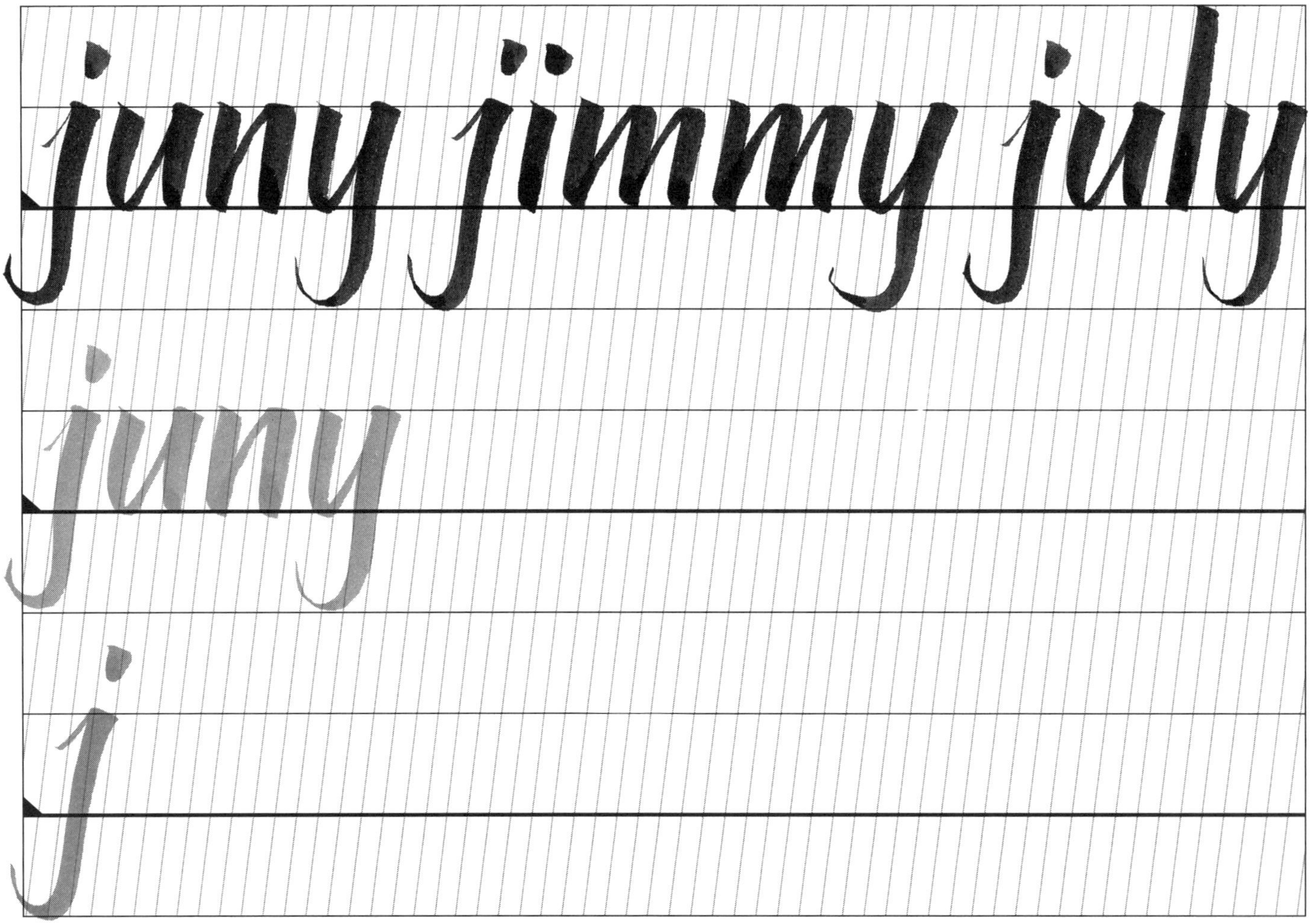

juny jimmy july

juny

j

Aunque la presentamos dentro del grupo de ascendentes, la letra «t» es un tanto especial. Efectivamente, su forma asciende por encima de la altura de «x», pero fíjate que es bastante más baja que el resto de letras ascendentes.

Otro detalle a subrayar es la necesidad de cambiar la posición del pincel para realizar su segundo trazo, la barra horizontal. Recuerda la norma: la punta del pincel debe estar siempre perpendicular al trazo. Del mismo modo, para escribir la letra «f» (página siguiente) la ejecución de la barra horizontal será idéntica.

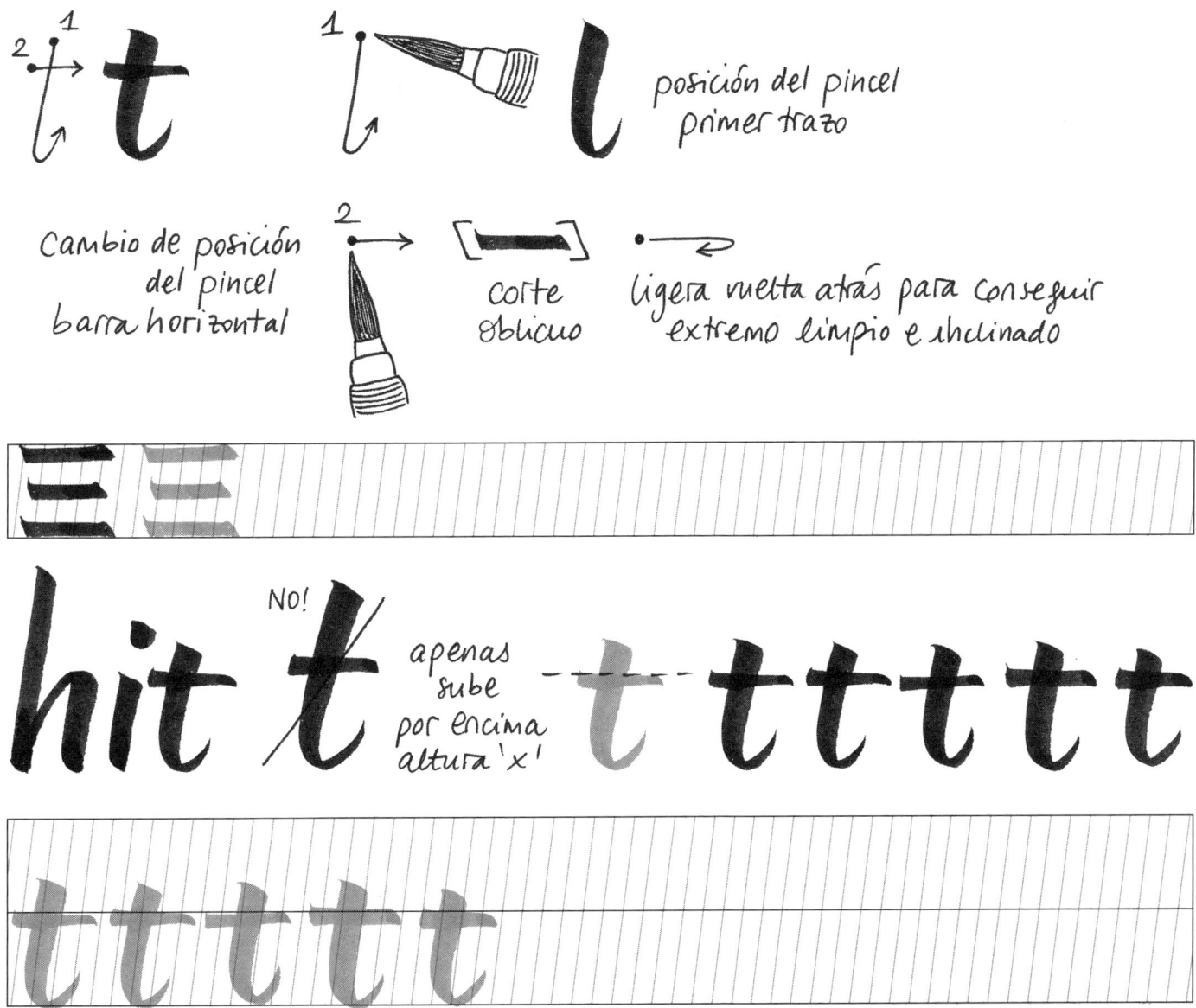

CALIGRAFÍA CON PINCEL

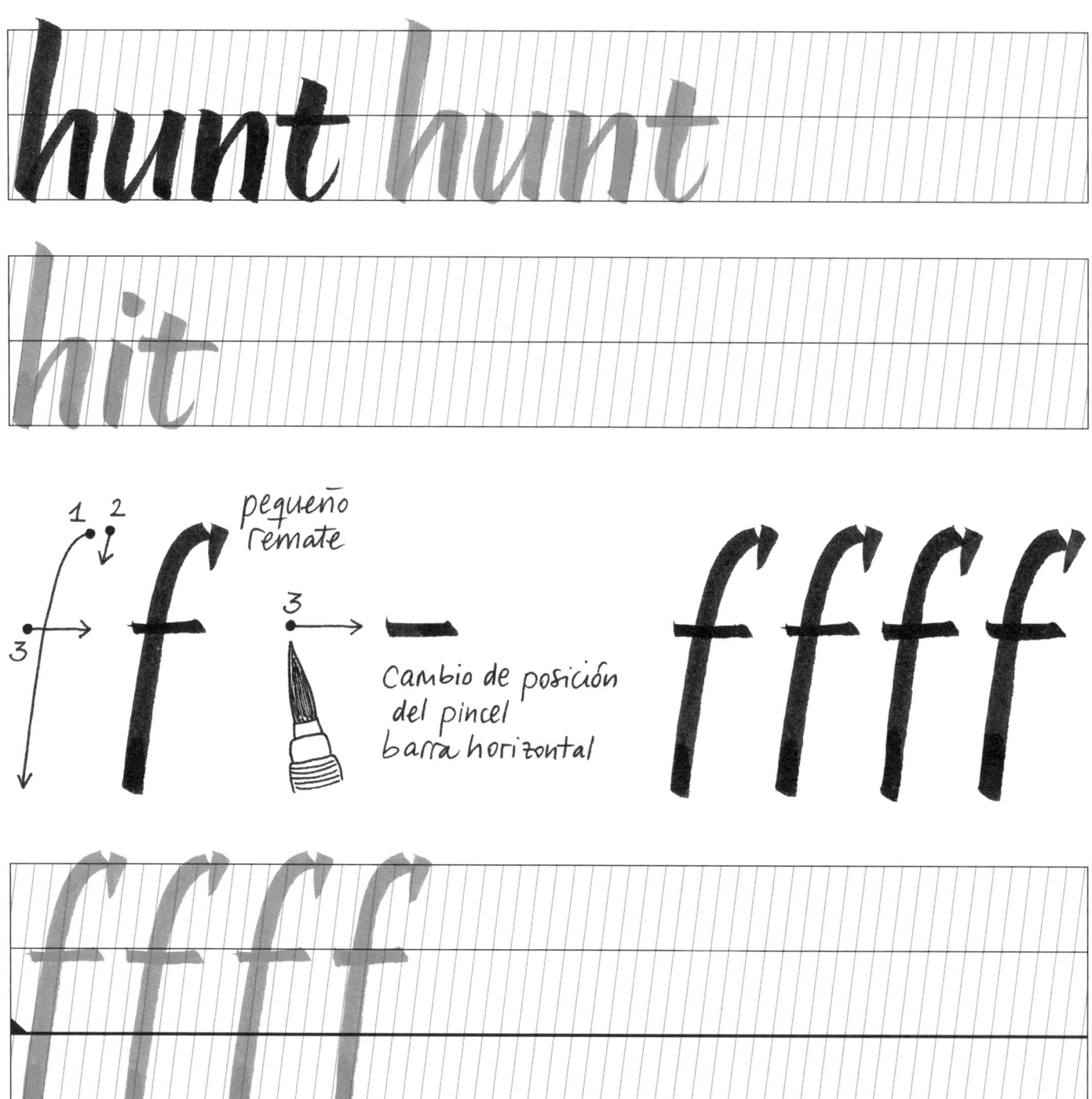

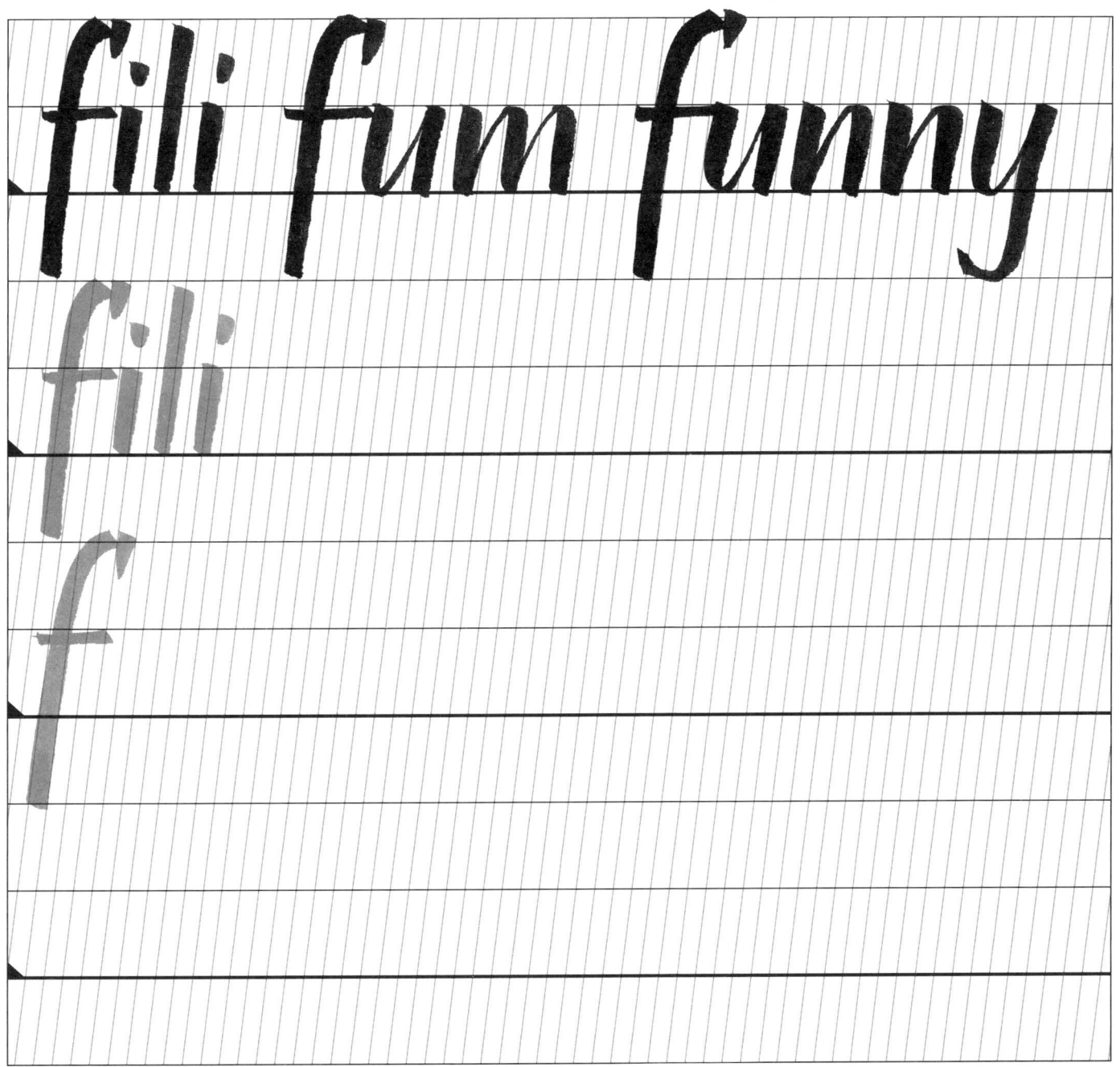

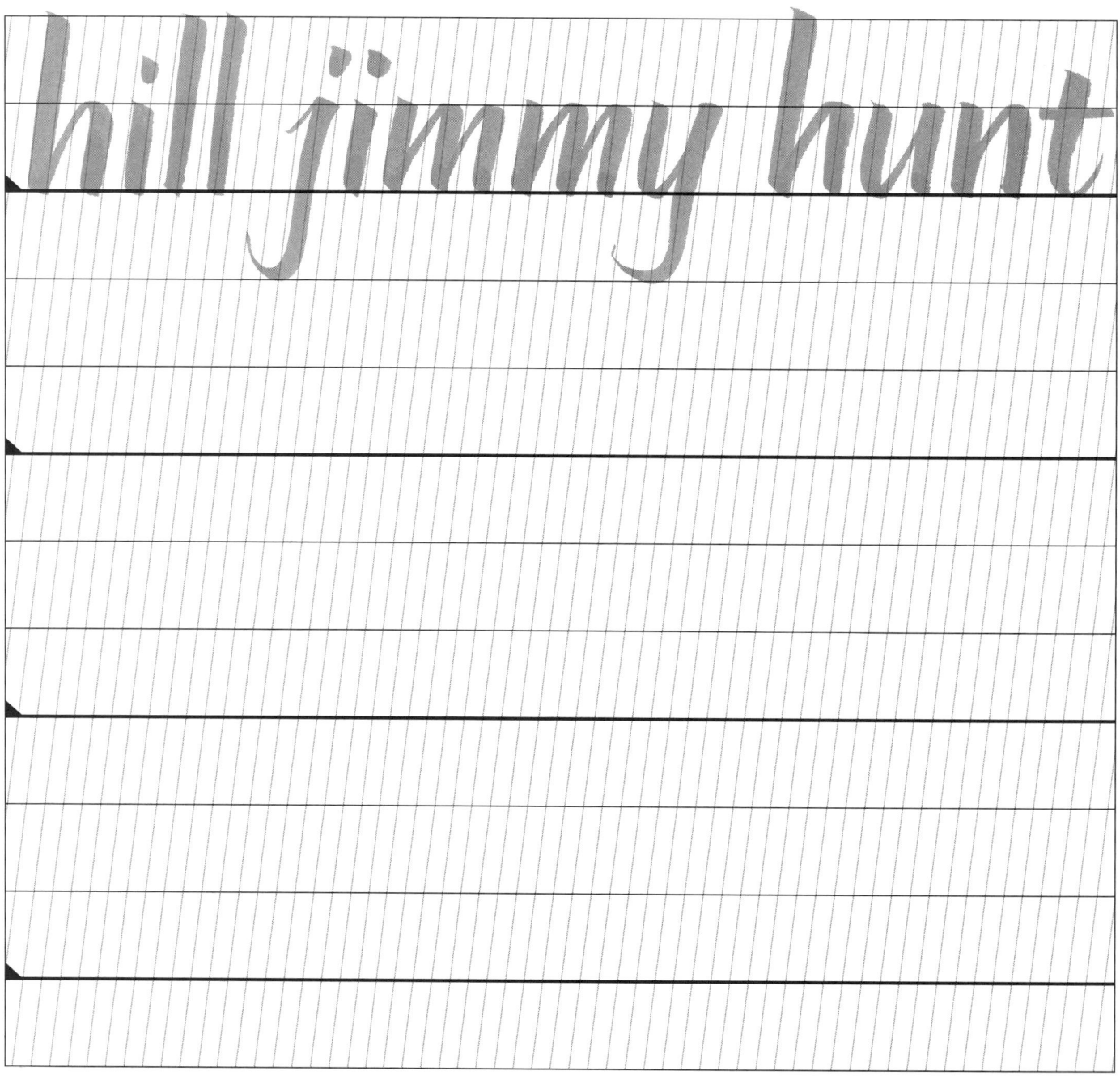

FAMILIA DE LA «A» O LETRAS A CONTRAPELO

El grupo de letras de la familia de la «a» se caracteriza por la incorporación de un nuevo gesto en sentido contrario al que hemos trabajado hasta el momento. En la caligrafía occidental, el trazo más natural es el que va de izquierda a derecha y de arriba a abajo. Pero en las letras que aprenderemos a continuación, el primer trazo lo realizaremos siempre de derecha a izquierda, aunque inicialmente pueda parecerte extraño.

En cualquier caso, aunque se empiece la letra desde la derecha, es importante que recuerdes la estructura de zigzag sobre la cual se basa el modelo de escritura que estamos aprendiendo. Fíjate como después de la primera bajada, la fina subida sigue siendo diagonal para después terminar la letra con un trazo grueso y recto, igual que ocurre con la «u».

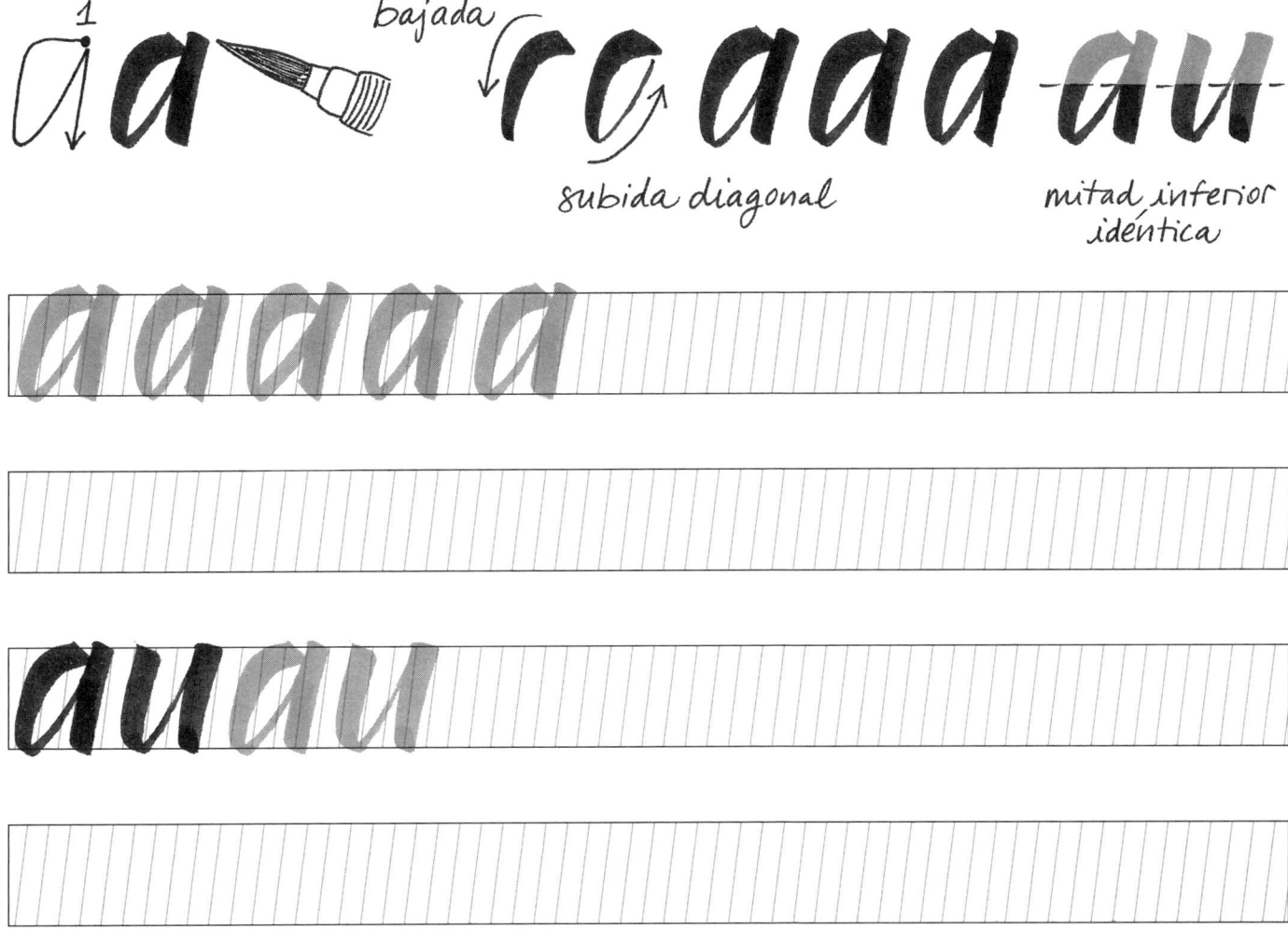

CALIGRAFÍA CON PINCEL

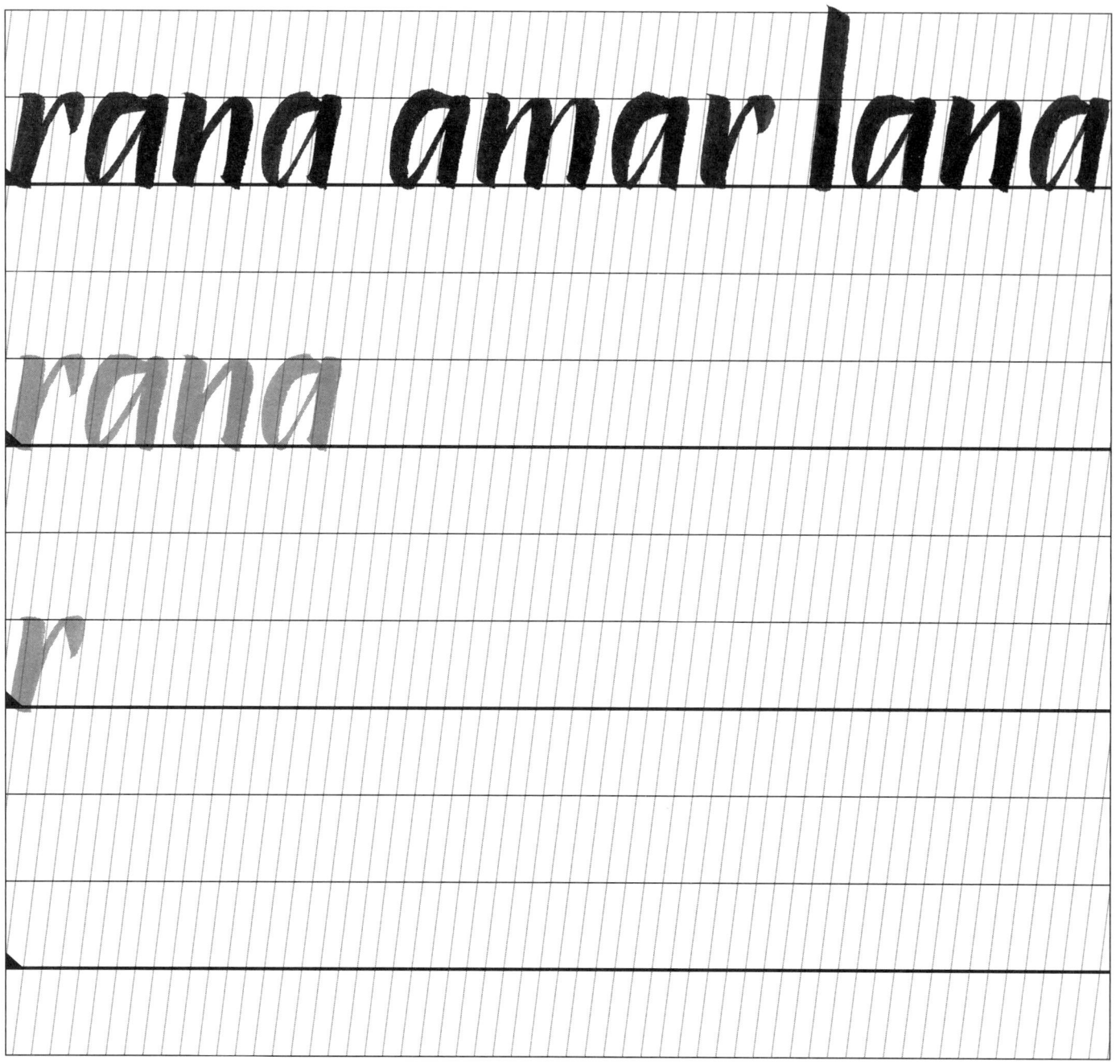

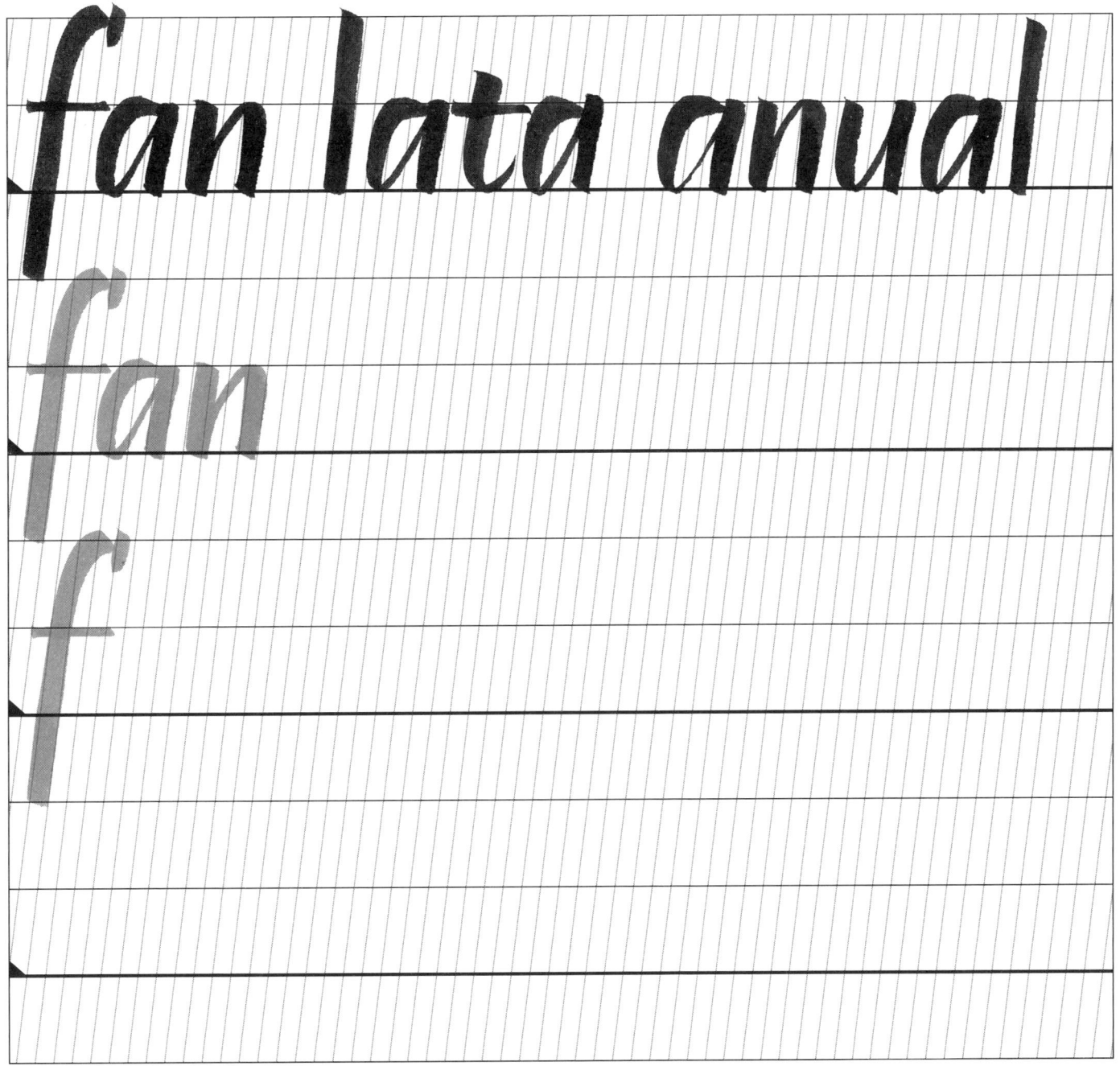

Hasta ahora hemos escrito letras sin ningún tipo de salida ni terminación, es decir, hemos aprendido a escribir caracteres cuyo *ductus* finalizaba con el trazo de bajada recto y limpio. Si crees controlar la ejecución de estas primeras formas, puedes empezar a incorporarles al final del trazo de bajada una sutil salida de subida. Entre letras de una misma palabra, este pequeño movimiento servirá de conector para conseguir el efecto de letra ligada. Un detalle importante: al ser un trazo de subida, la salida siempre se realizará con la presión mínima del pincel.

    Si no te interesa enlazar los caracteres, sigue terminándolos con el trazo recto de bajada como hemos visto hasta entonces. Ambas formas son válidas, son simplemente estilos distintos.

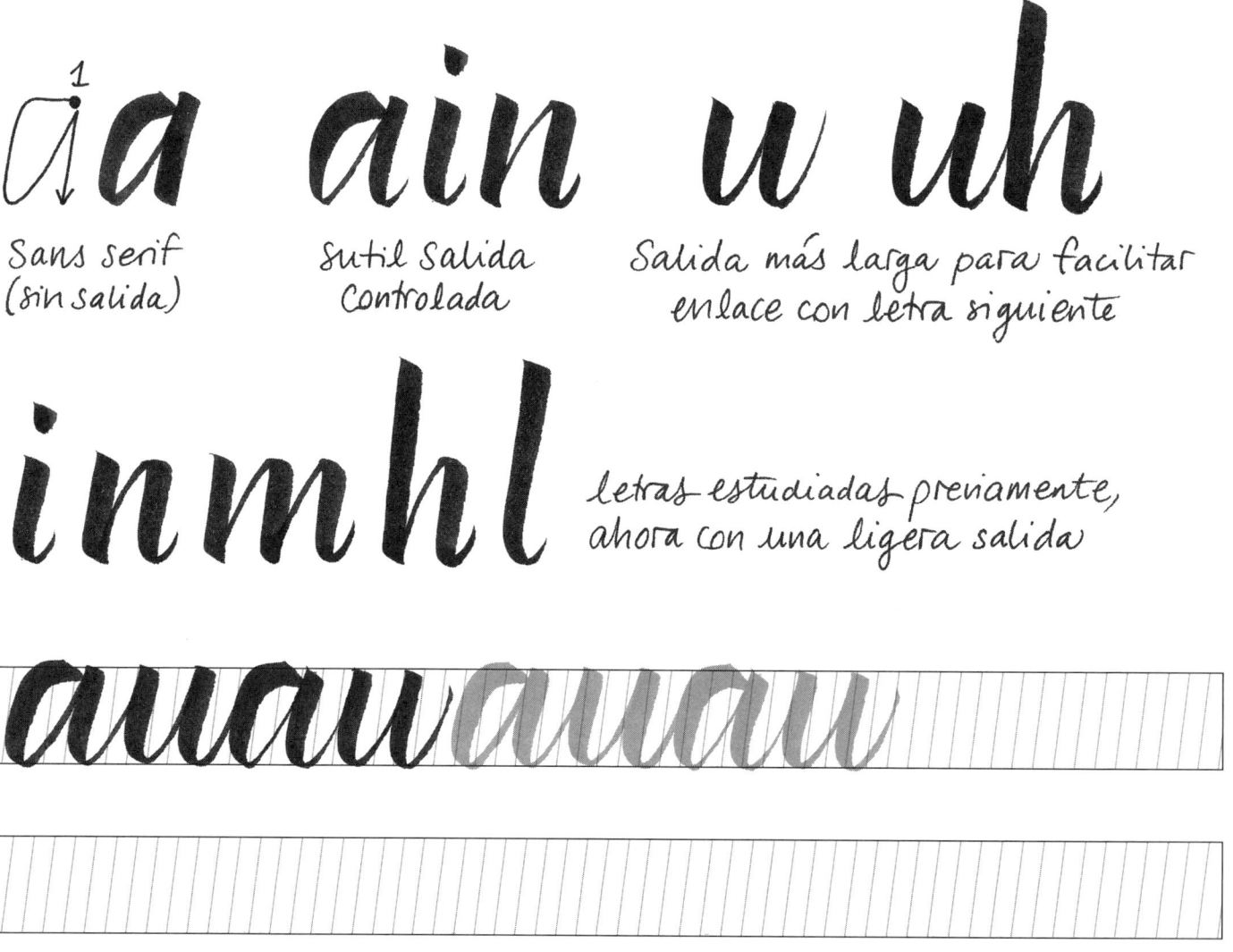

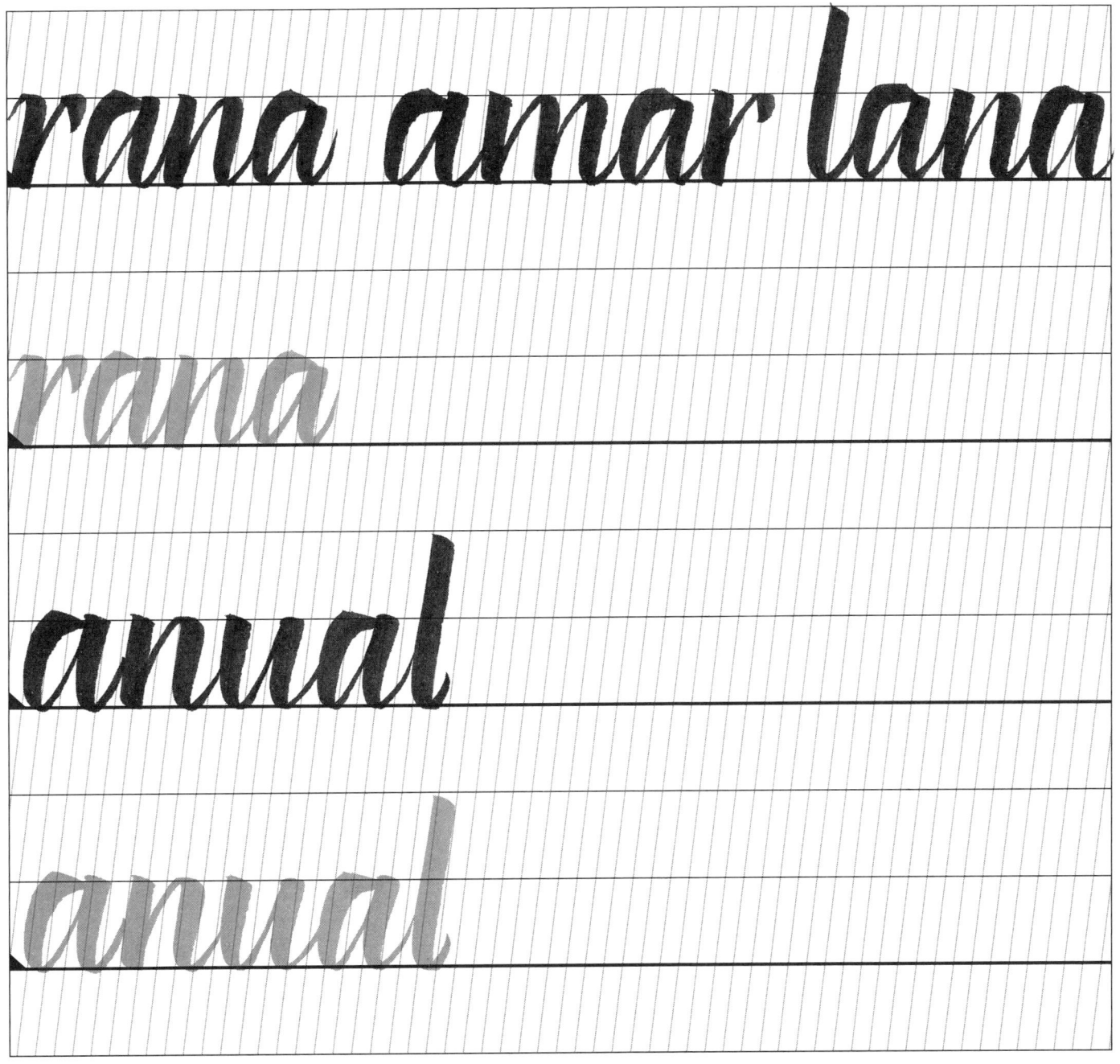

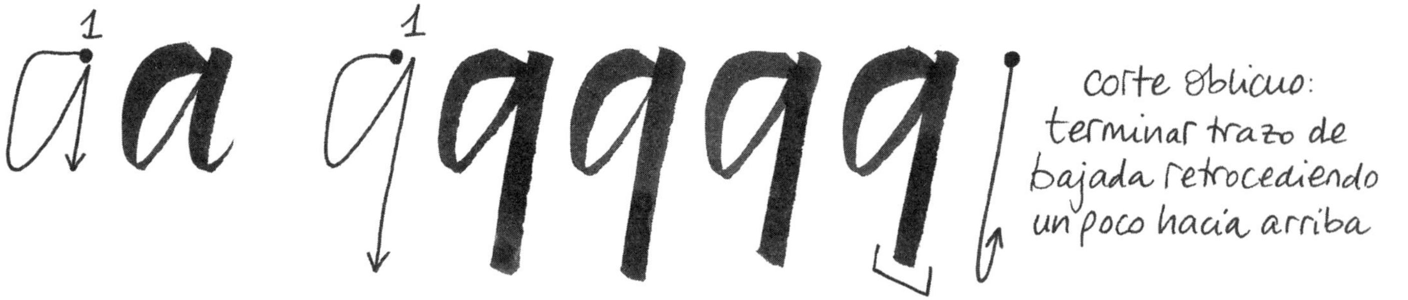

a a q qqqq Corte oblicuo: terminar trazo de bajada retrocediendo un poco hacia arriba

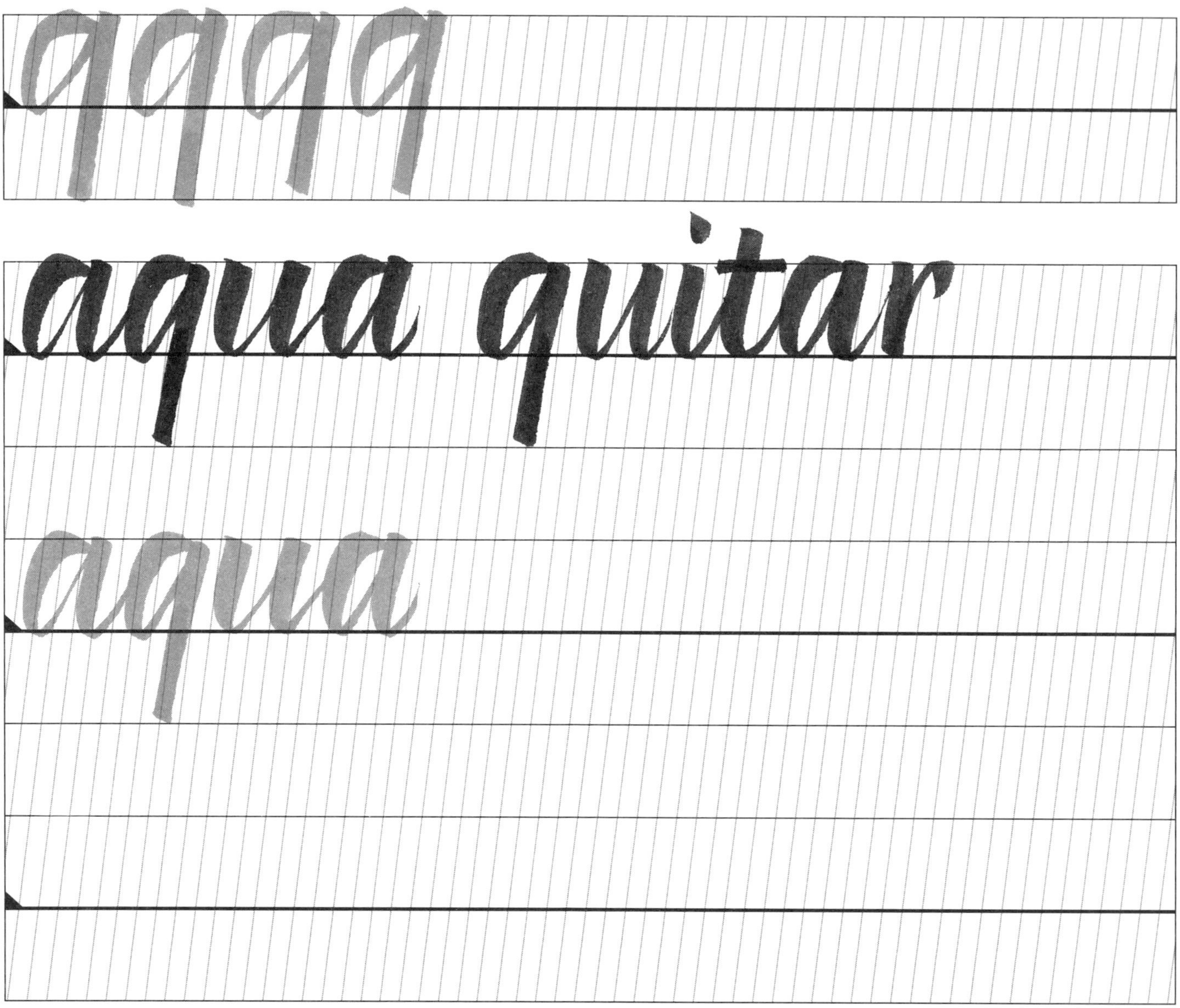

qqqq

aqua quitar

aqua

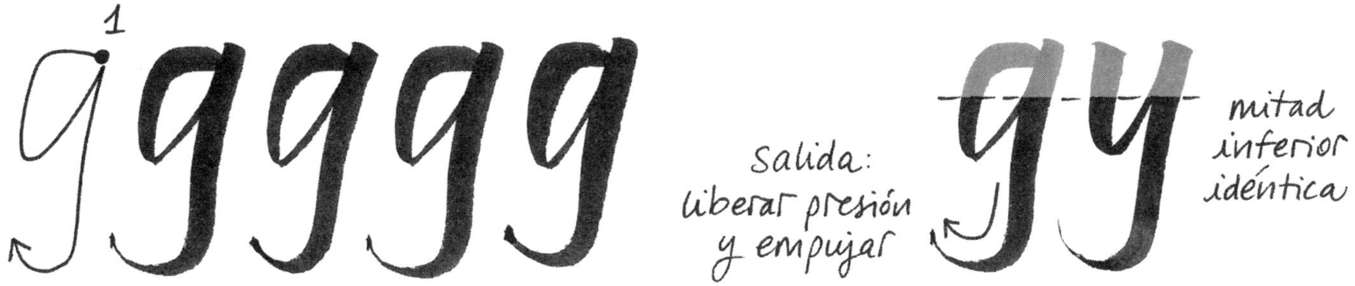

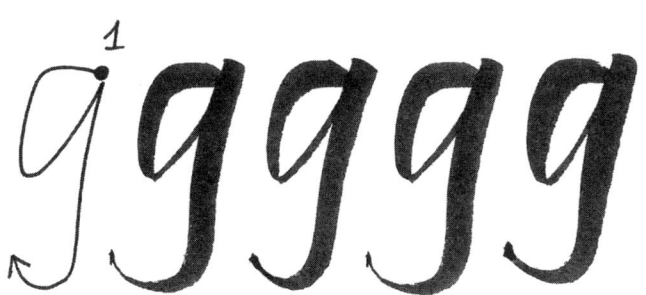

salida: liberar presión y empujar

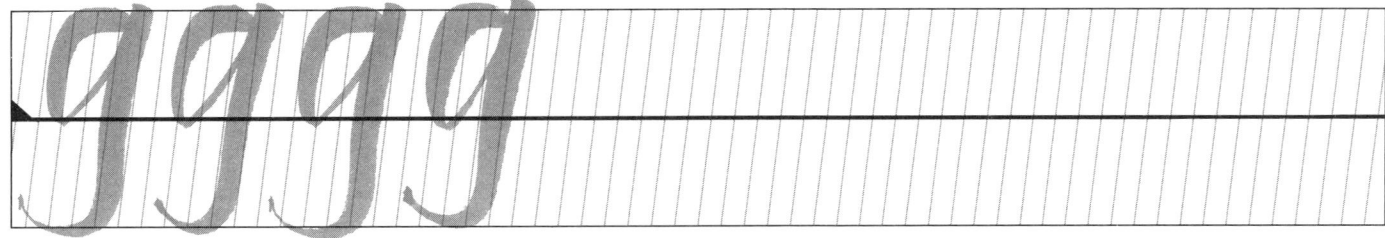

mitad inferior idéntica

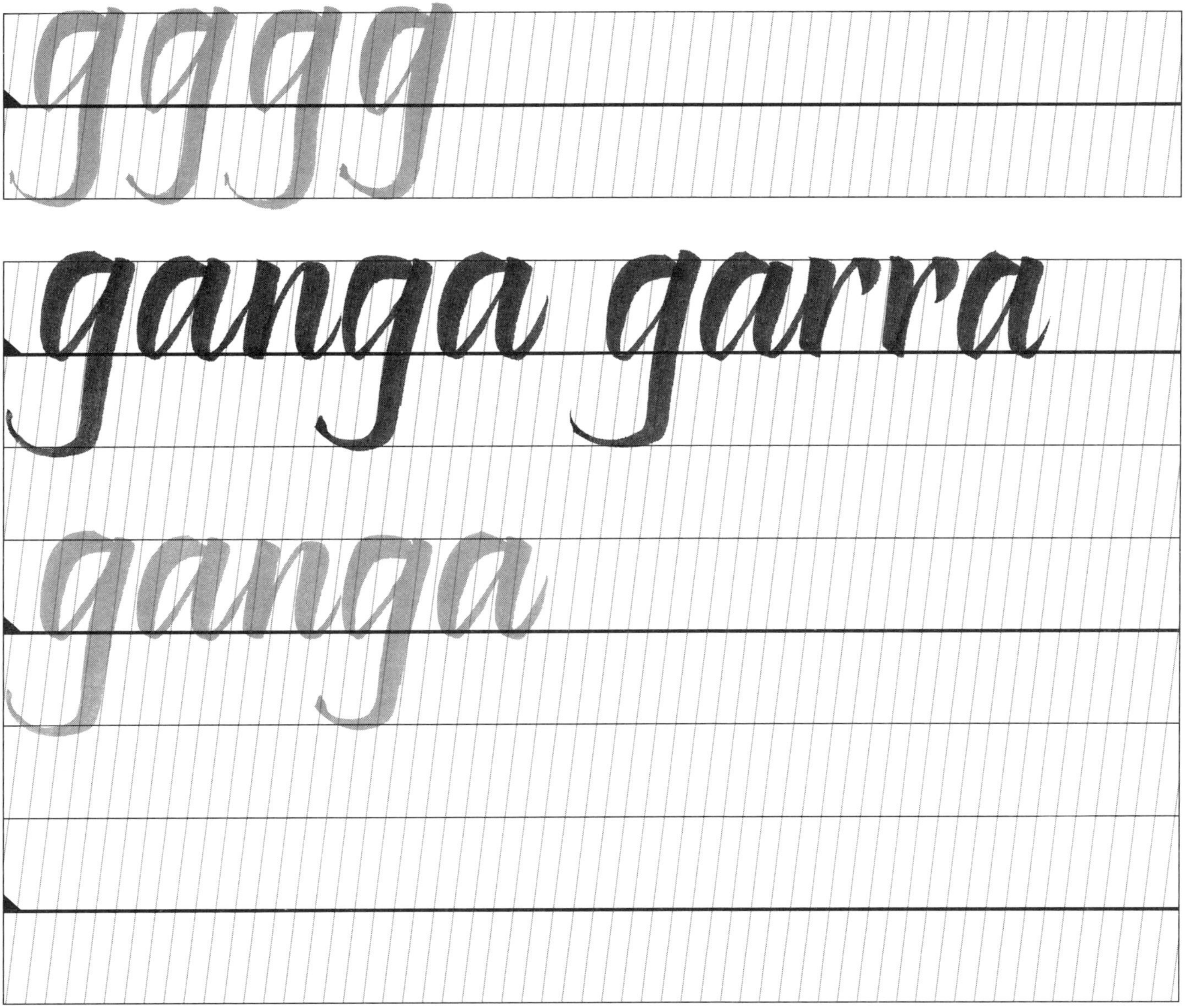

gggg

ganga garra

ganga

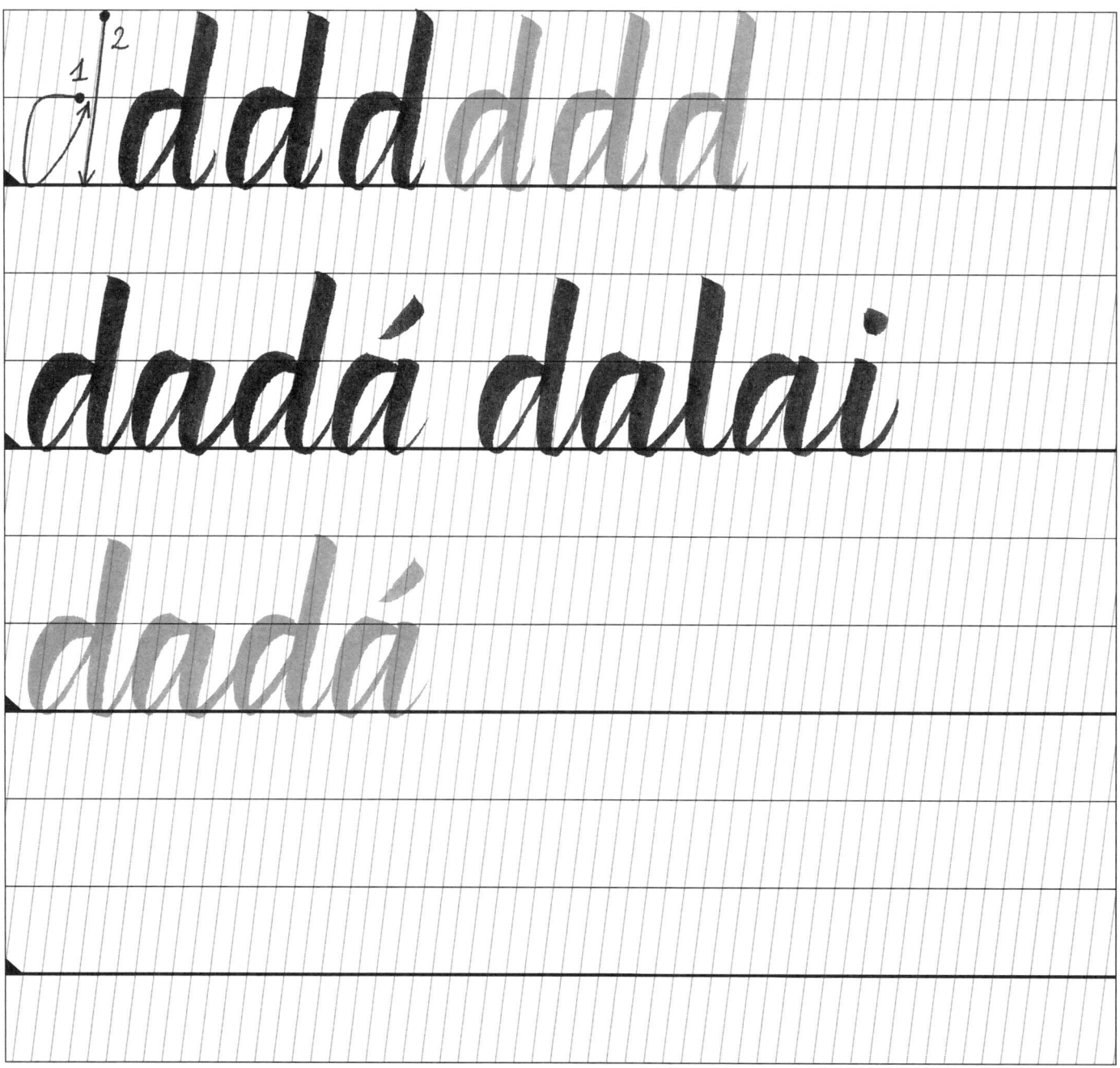

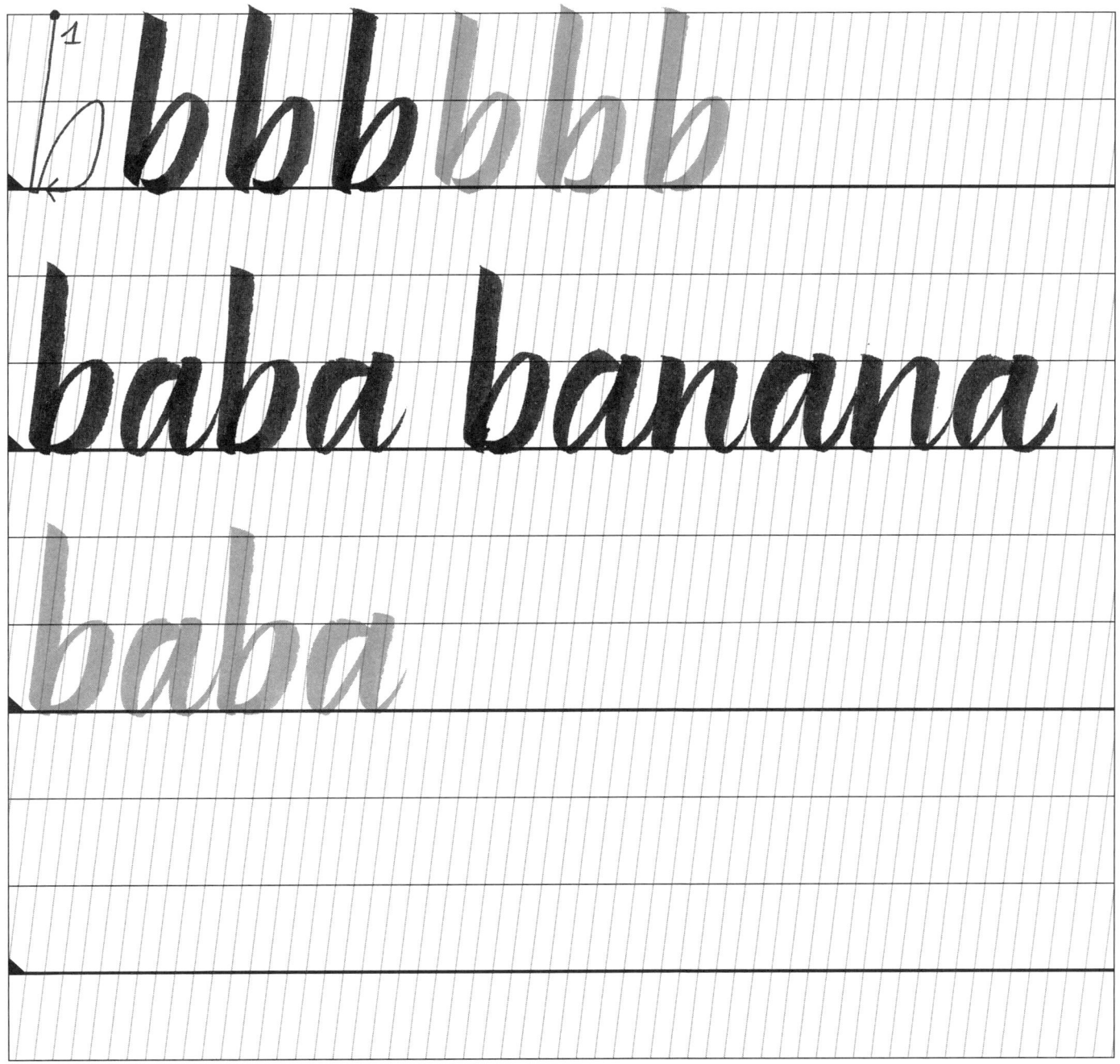

CALIGRAFÍA CON PINCEL

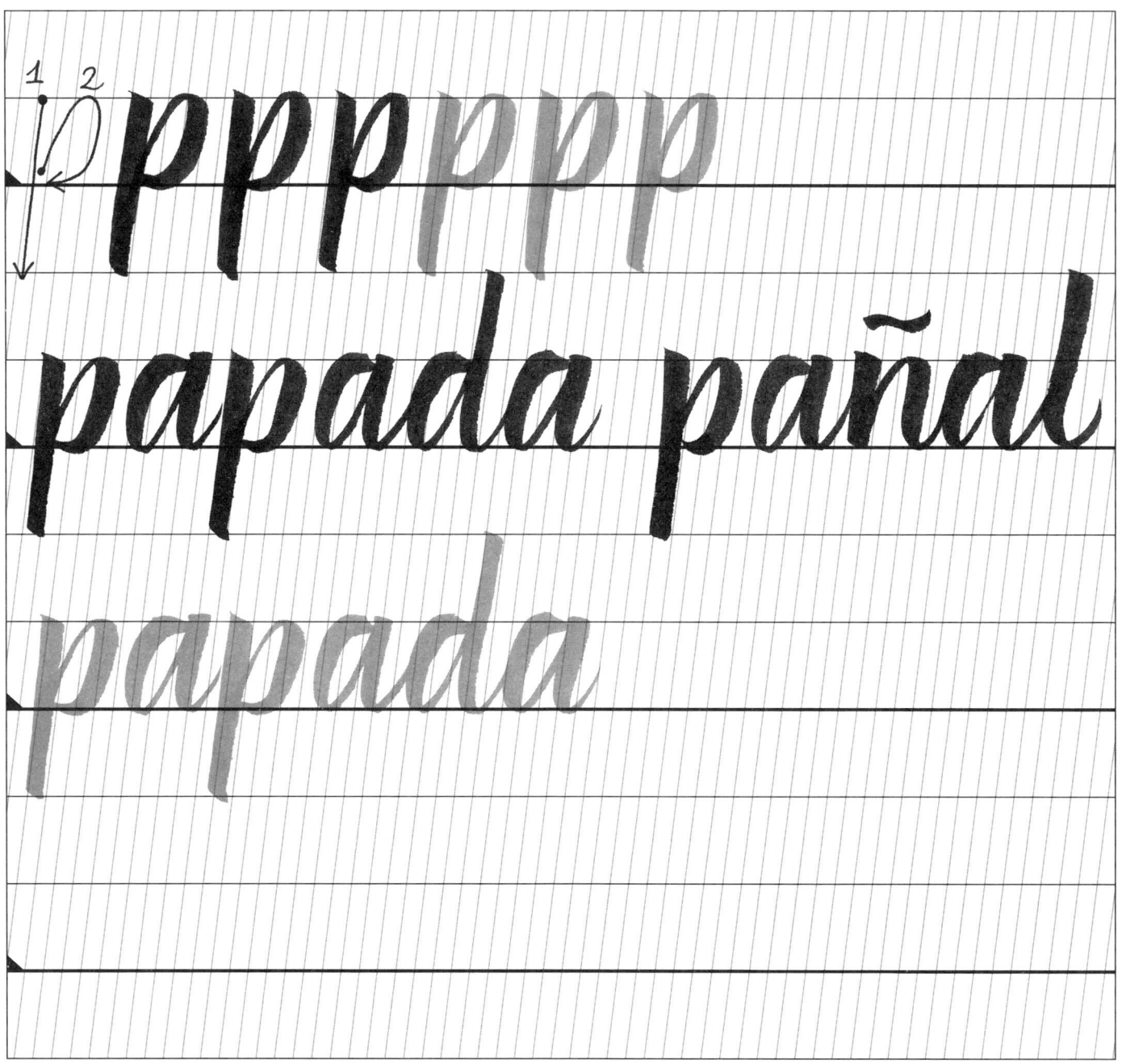

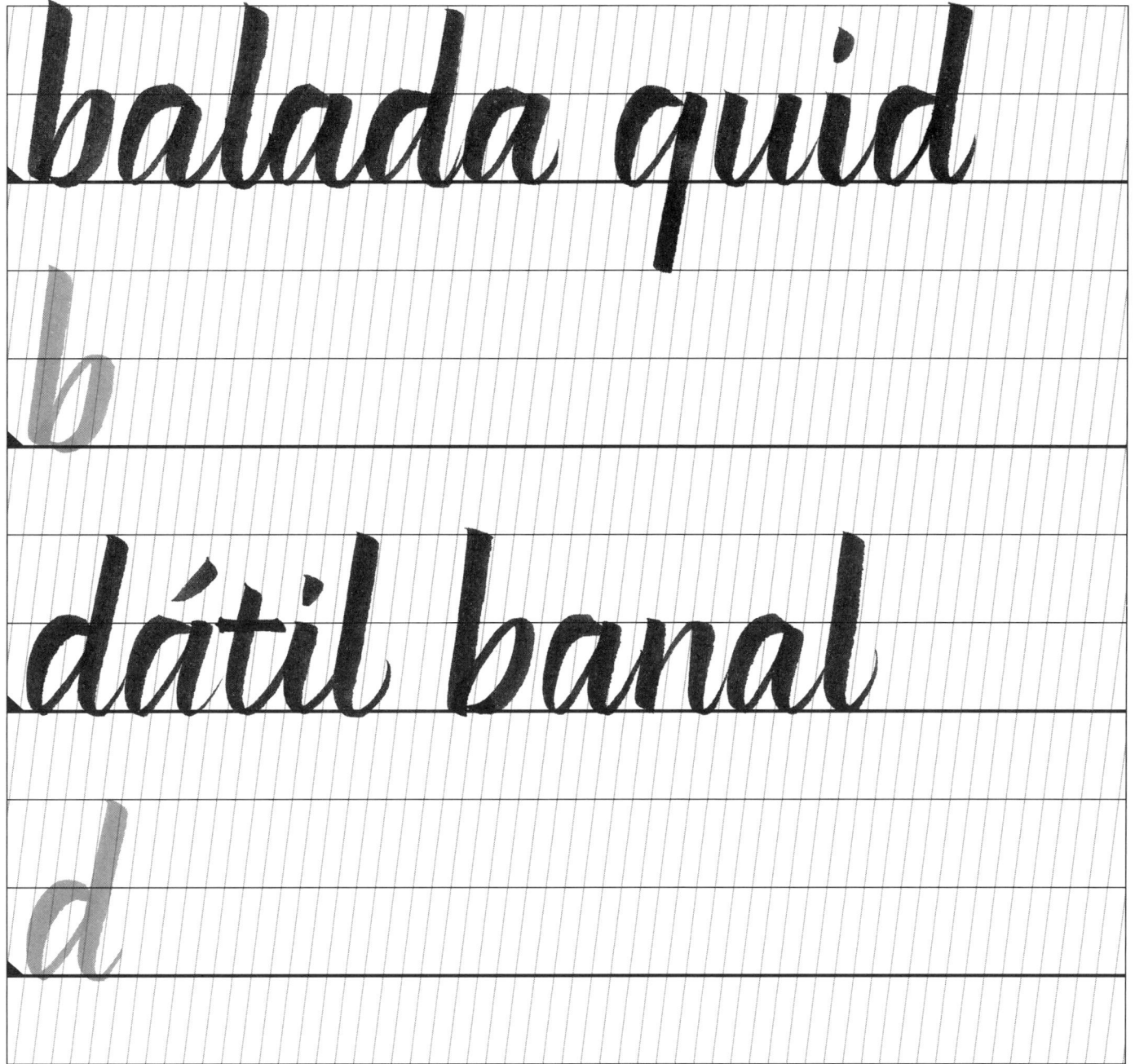

FAMILIA DE LA «O» Y LETRAS CURVAS

Las letras «o», «e» y «c» se consideran de la misma familia porque todas parten de la misma forma oval. Las tres se sustentan a partir de un eje ligeramente oblicuo que sigue la inclinación empleada hasta entonces y todas se efectúan con un único trazo —a excepción del remate añadido en la «c». Aunque sus movimientos sean curvos, no hay ninguna variación de la posición del pincel para ejecutarlos.

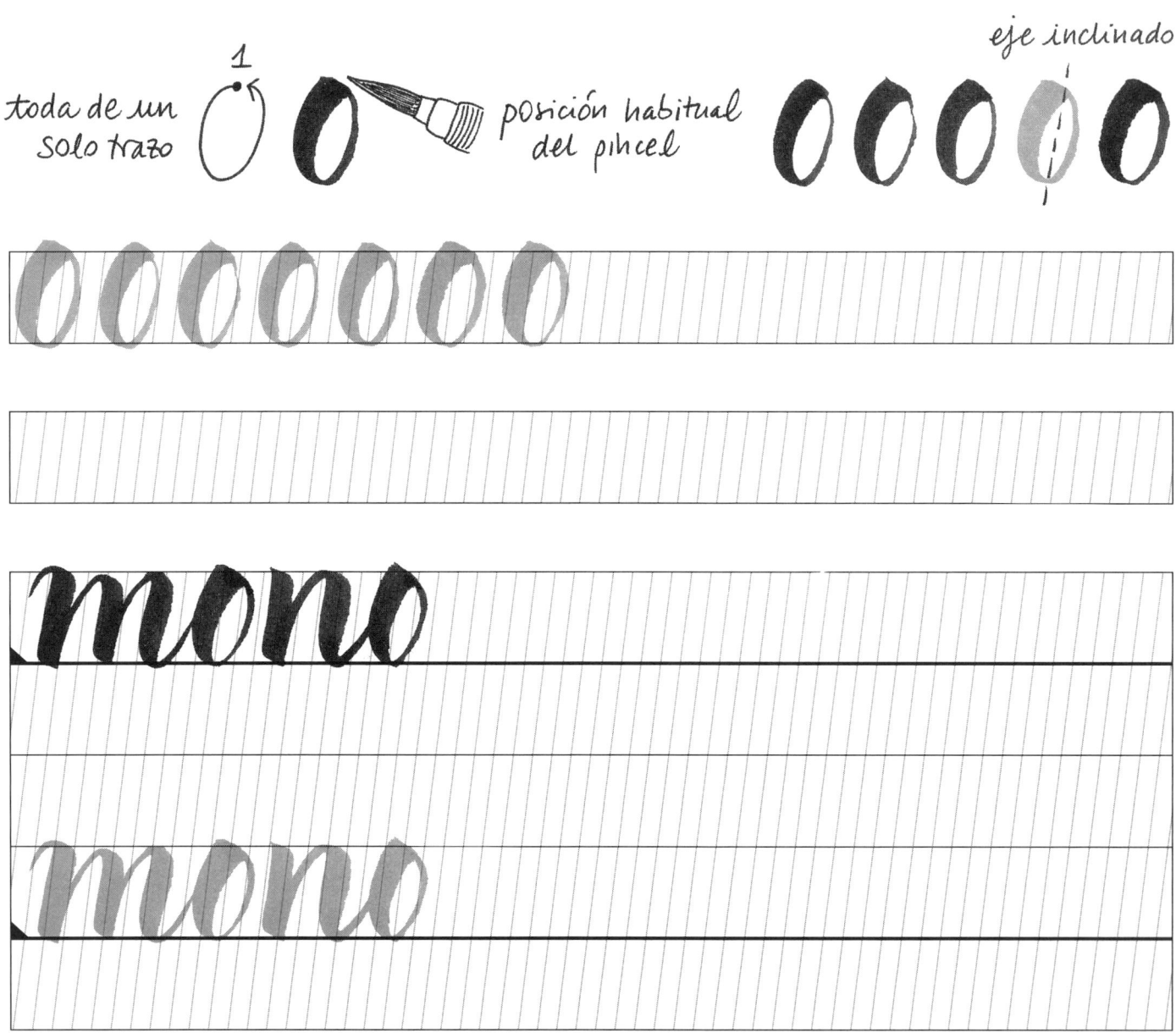

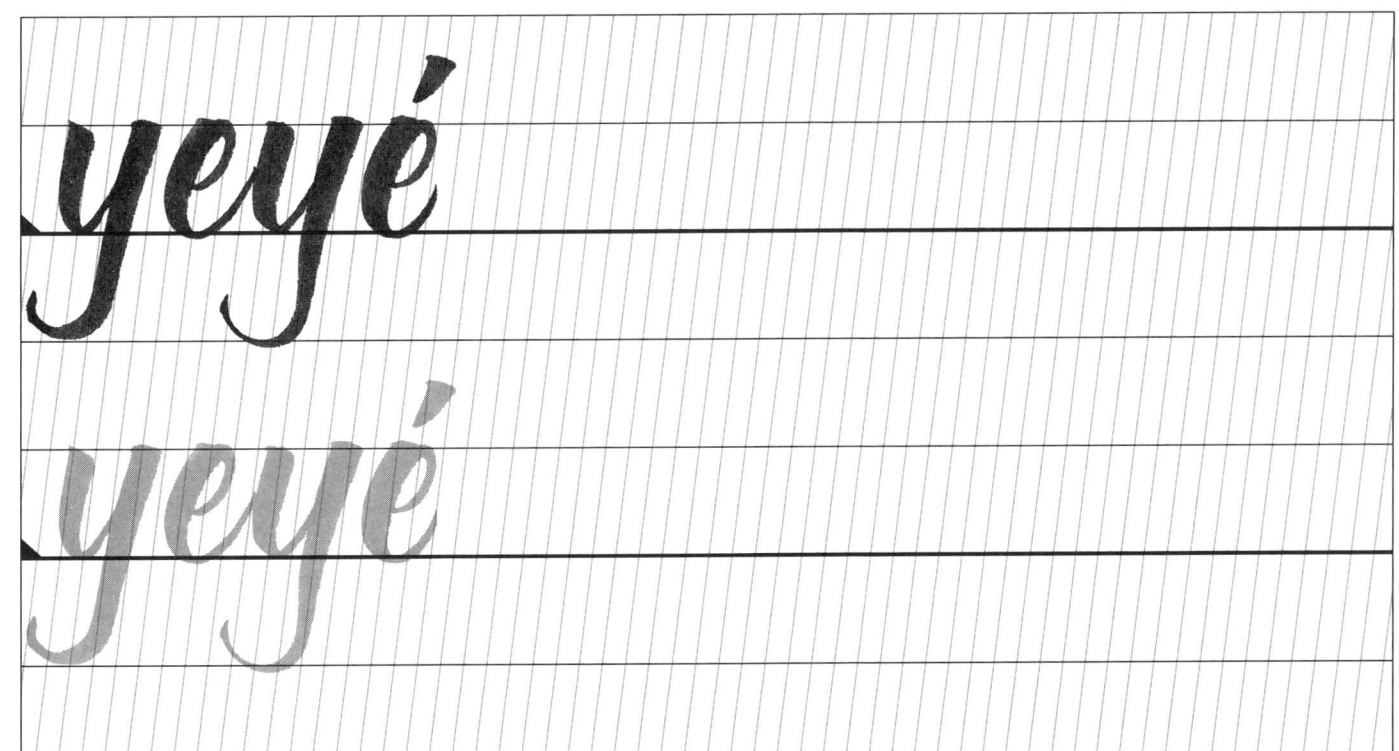

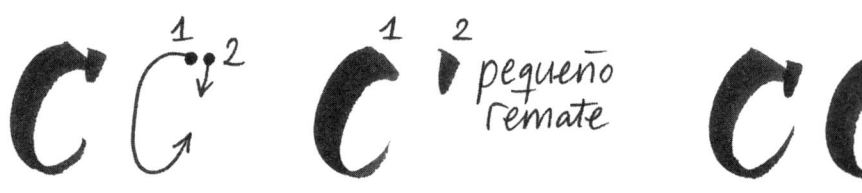

mantener inclinación

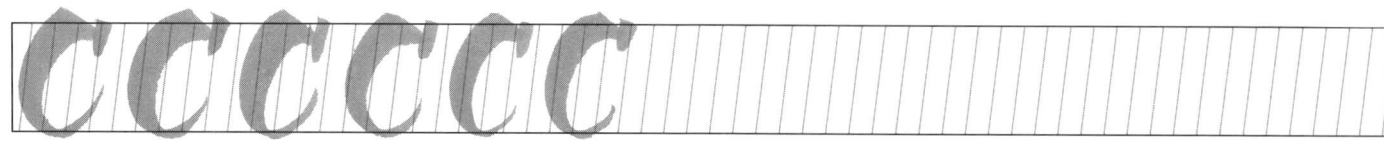

coco chocolate

La «s» es una letra independiente que no pertenece a ningún grupo en concreto. Pero la ligera ondulación de su espina hace que la podamos considerar una letra curva. Su ejecución no es compleja, pero debemos prestar atención al sutil movimiento de onda vertical sin olvidar la mínima inclinación necesaria para ser coherente con el resto de letras. Su proporción es bastante estrecha.

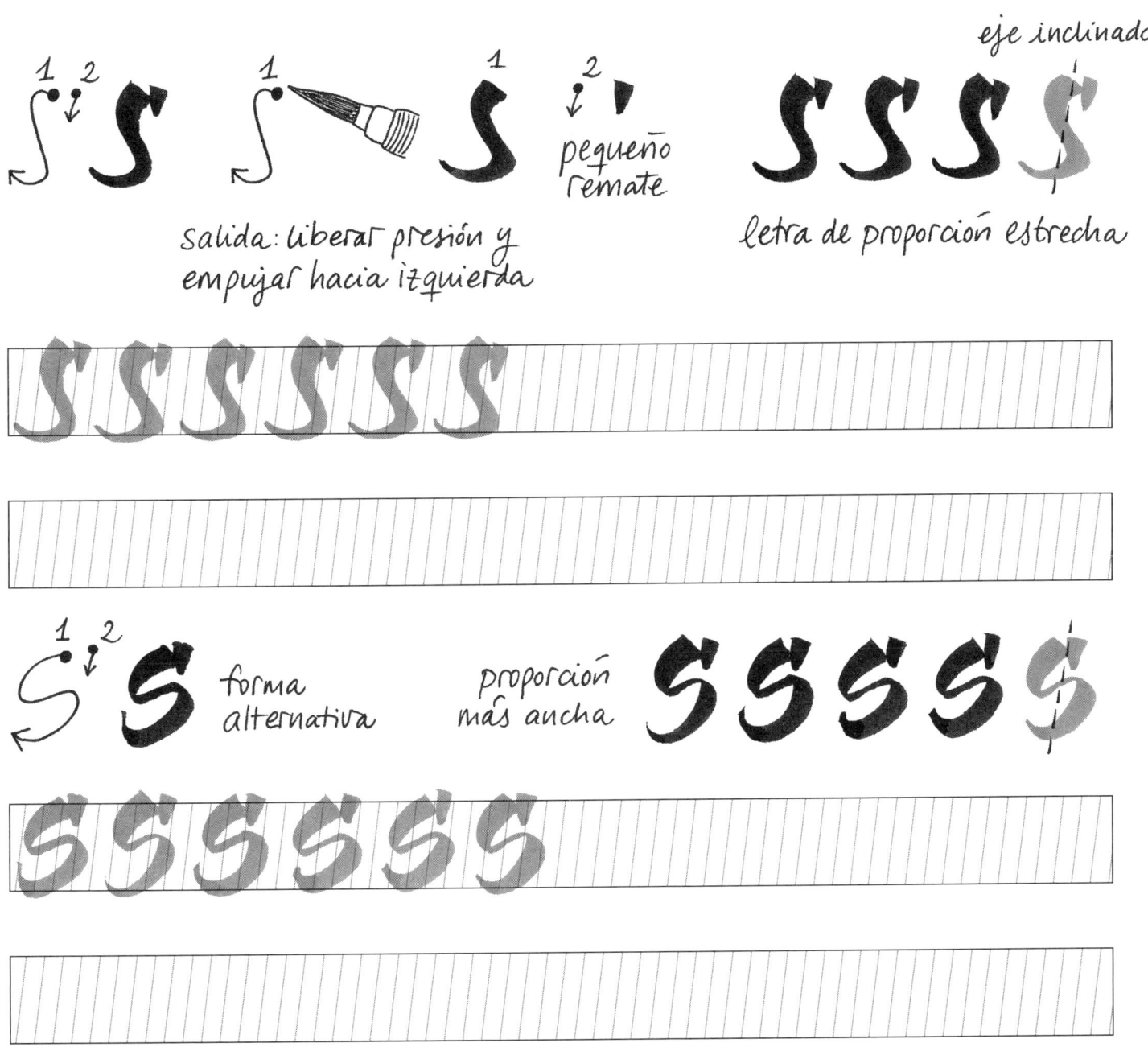

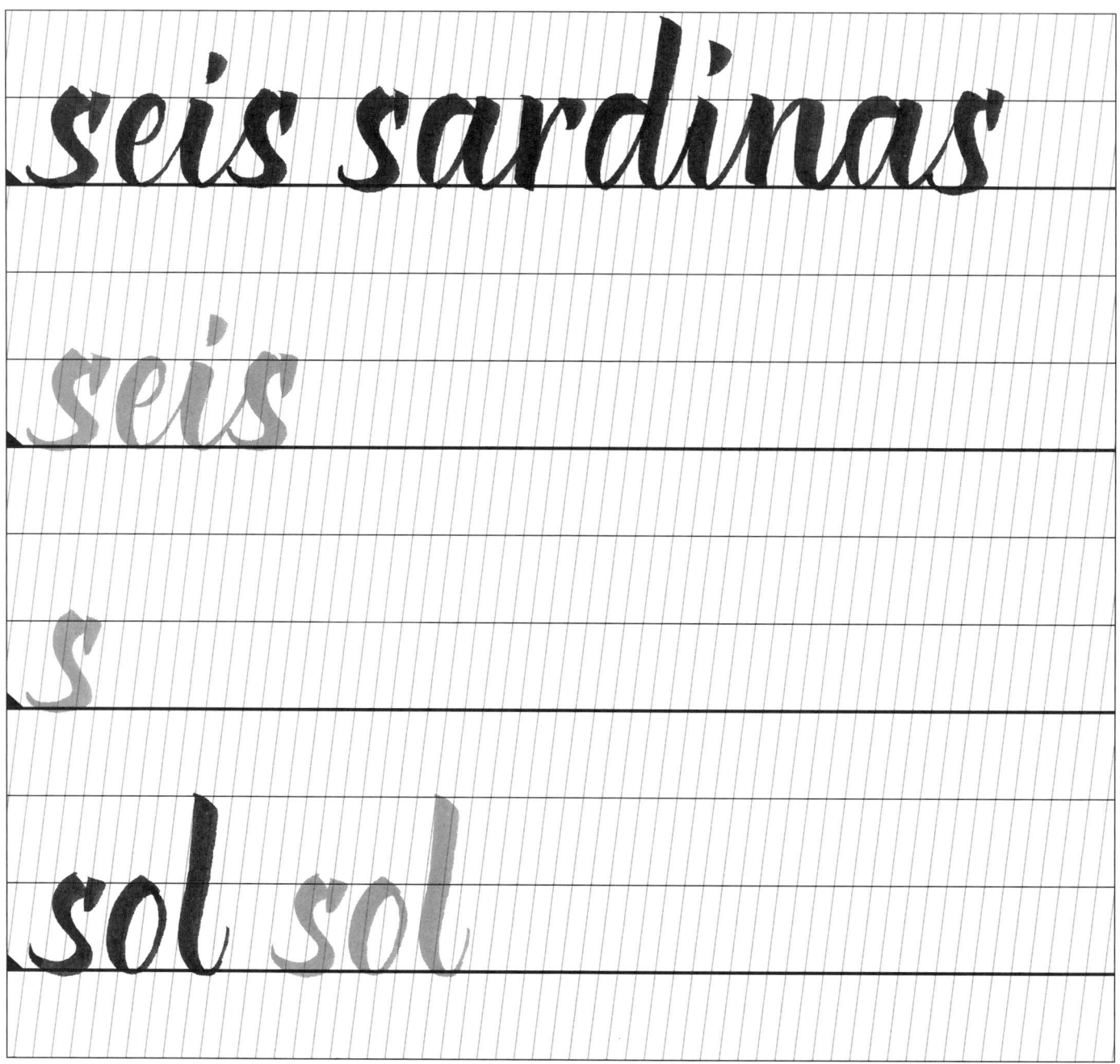

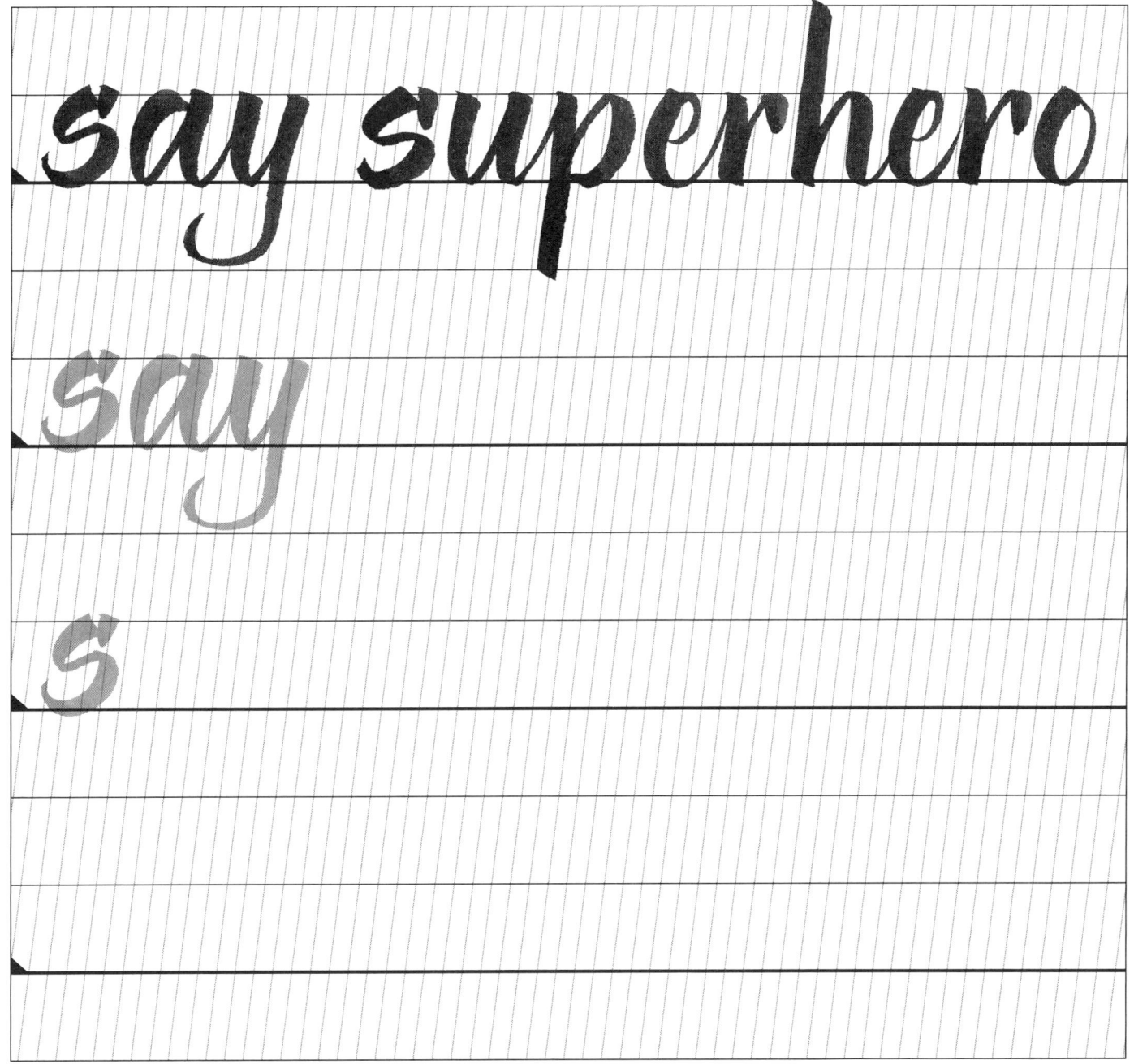

LETRAS DIAGONALES

El último grupo de letras a presentar es el de la familia de la «v» o letras diagonales. Como su nombre indica, están formadas por trazos diagonales y que, por tanto, no seguirán la misma inclinación marcada en la pauta como sí lo hacían las astas verticales de las letras anteriores.

En la familia encontramos letras cuya inclinación es más exagerada que en otras. Vamos a ver primero las letras con diagonales más suaves —«v», «w» y «y»—, que se realizan en la posición habitual del pincel, pero antes empecemos trazando líneas diagonales para entender bien el movimiento.

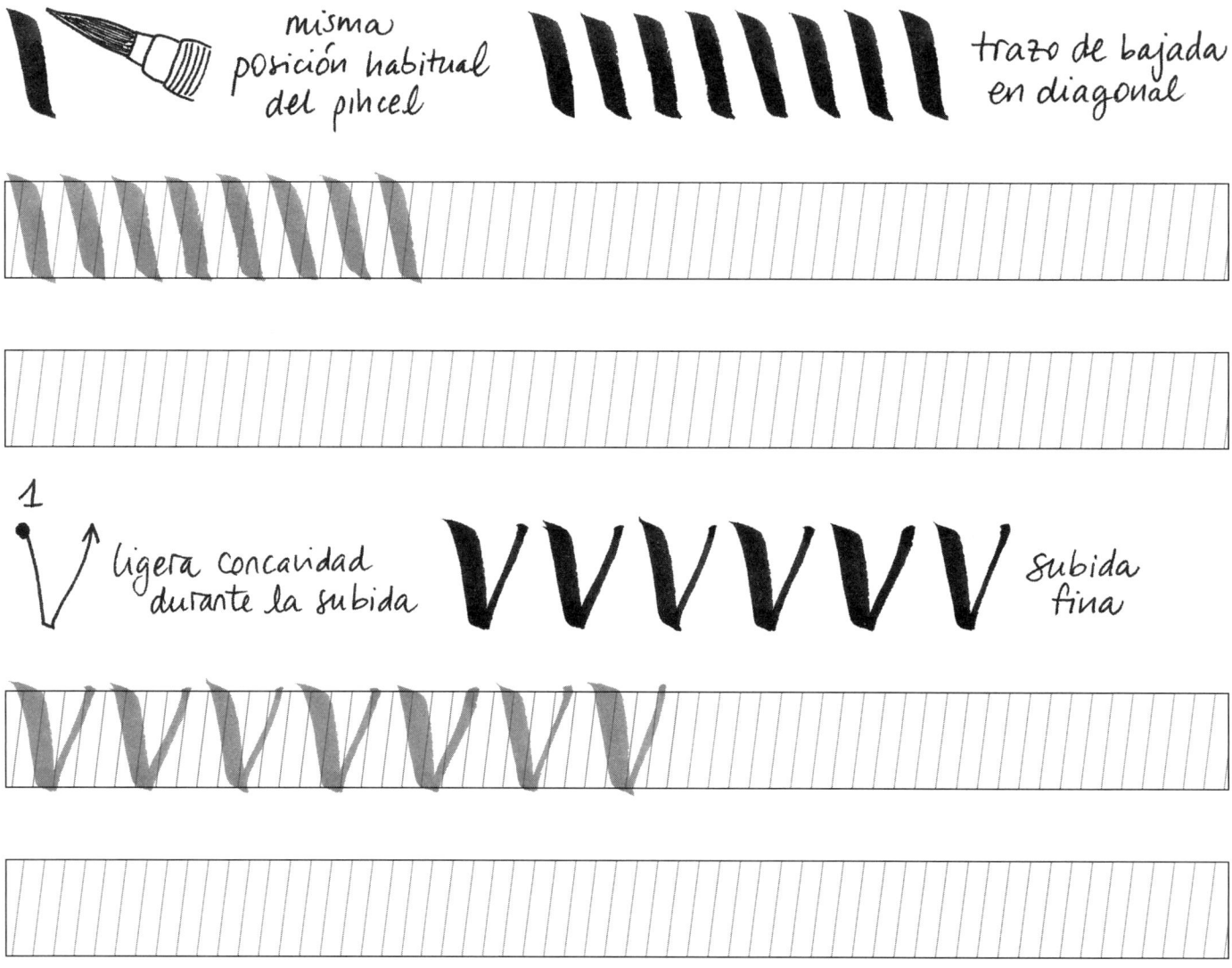

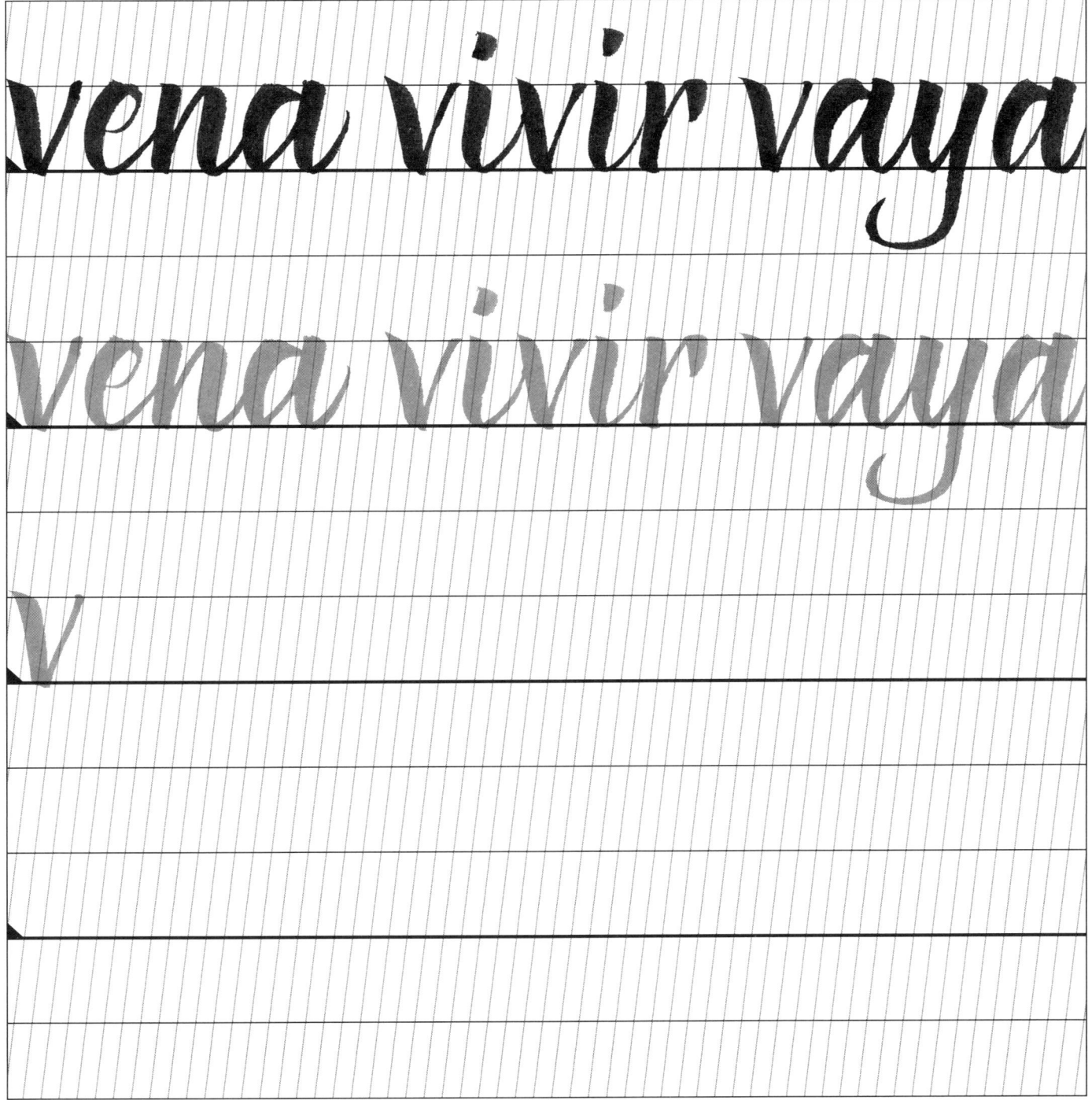

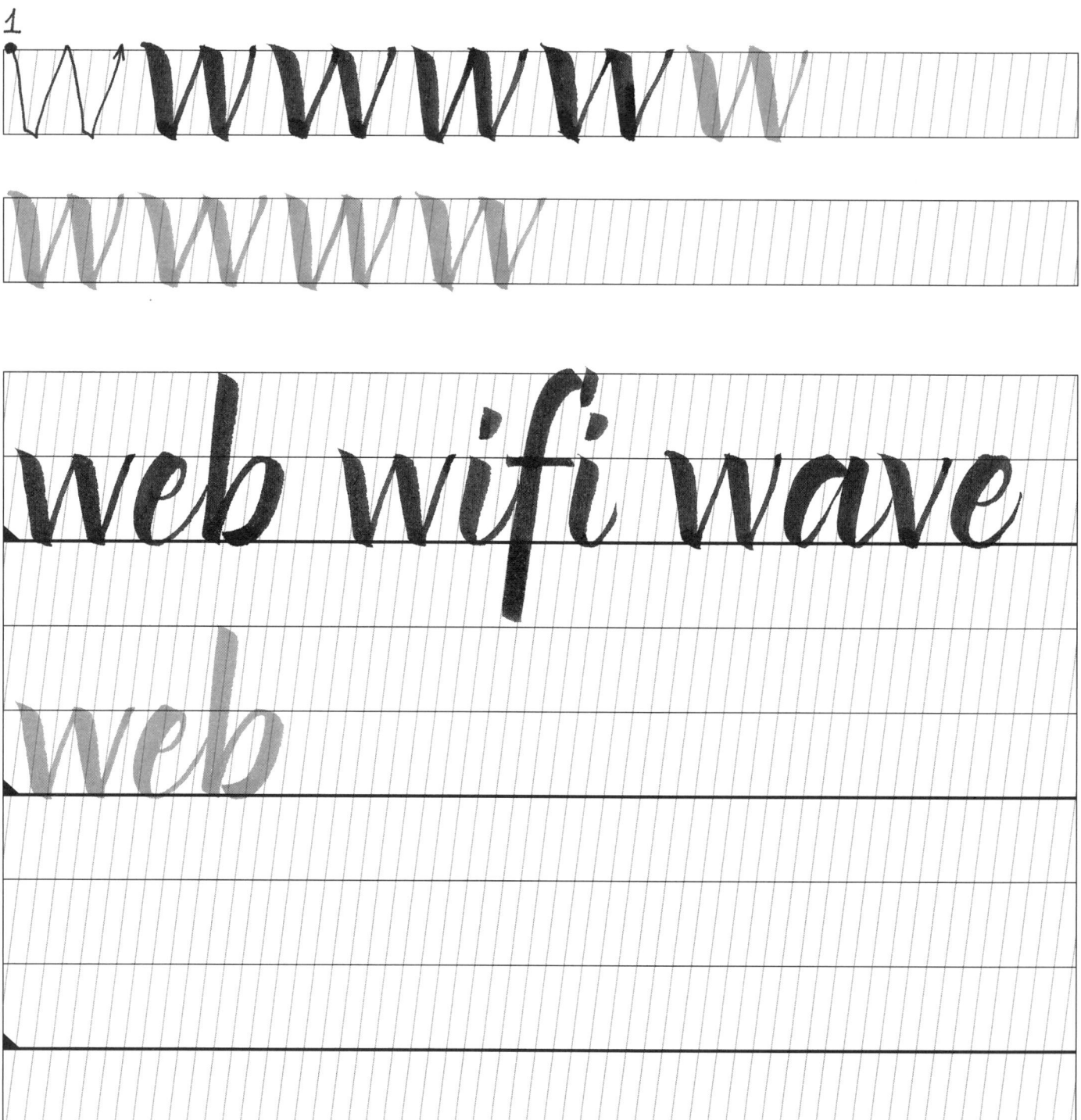

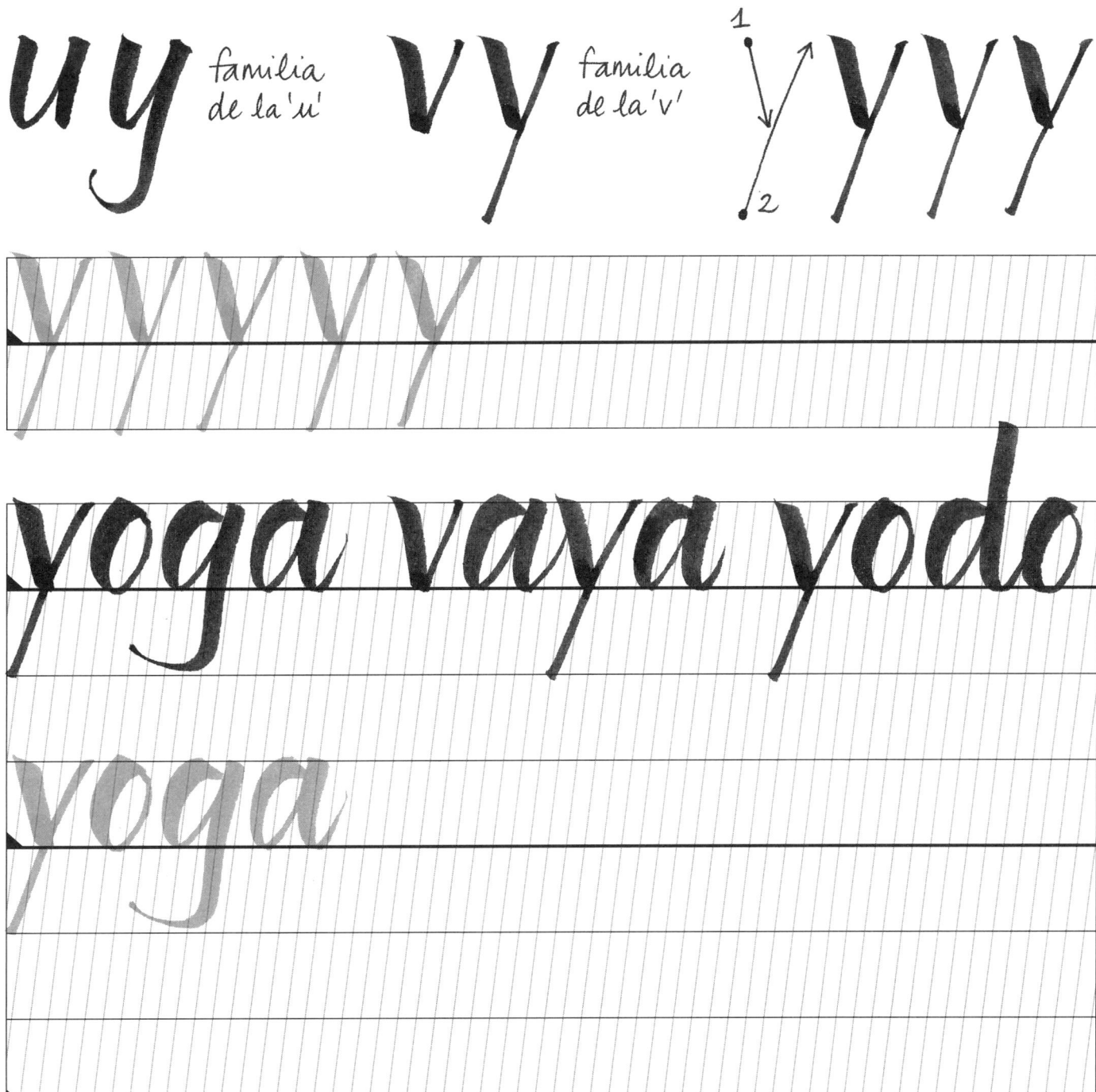

El otro subgrupo de diagonales lo forman letras con una inclinación más marcada. Igual que pasa con la realización de trazos horizontales como la barra de la «t», donde debemos cambiar la posición del pincel, para hacer determinados gestos diagonales tendremos que voltear el pincel para que esté perpendicular al nuevo trazo.

Este cambio solo será necesario en la ejecución del primer trazo de la «x» y del último trazo de la «k». Para el resto de movimientos usaremos la posición habitual del pincel.

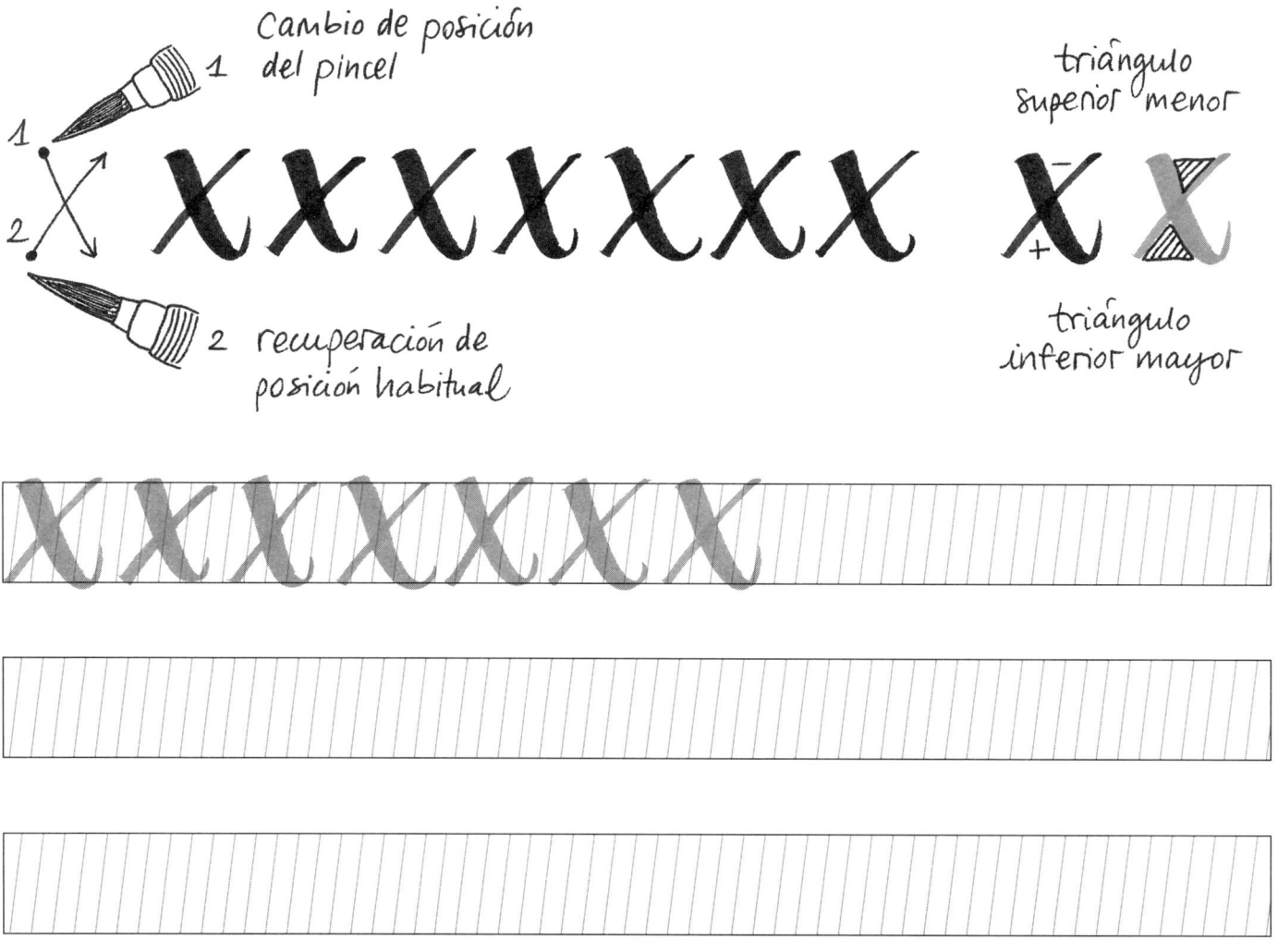

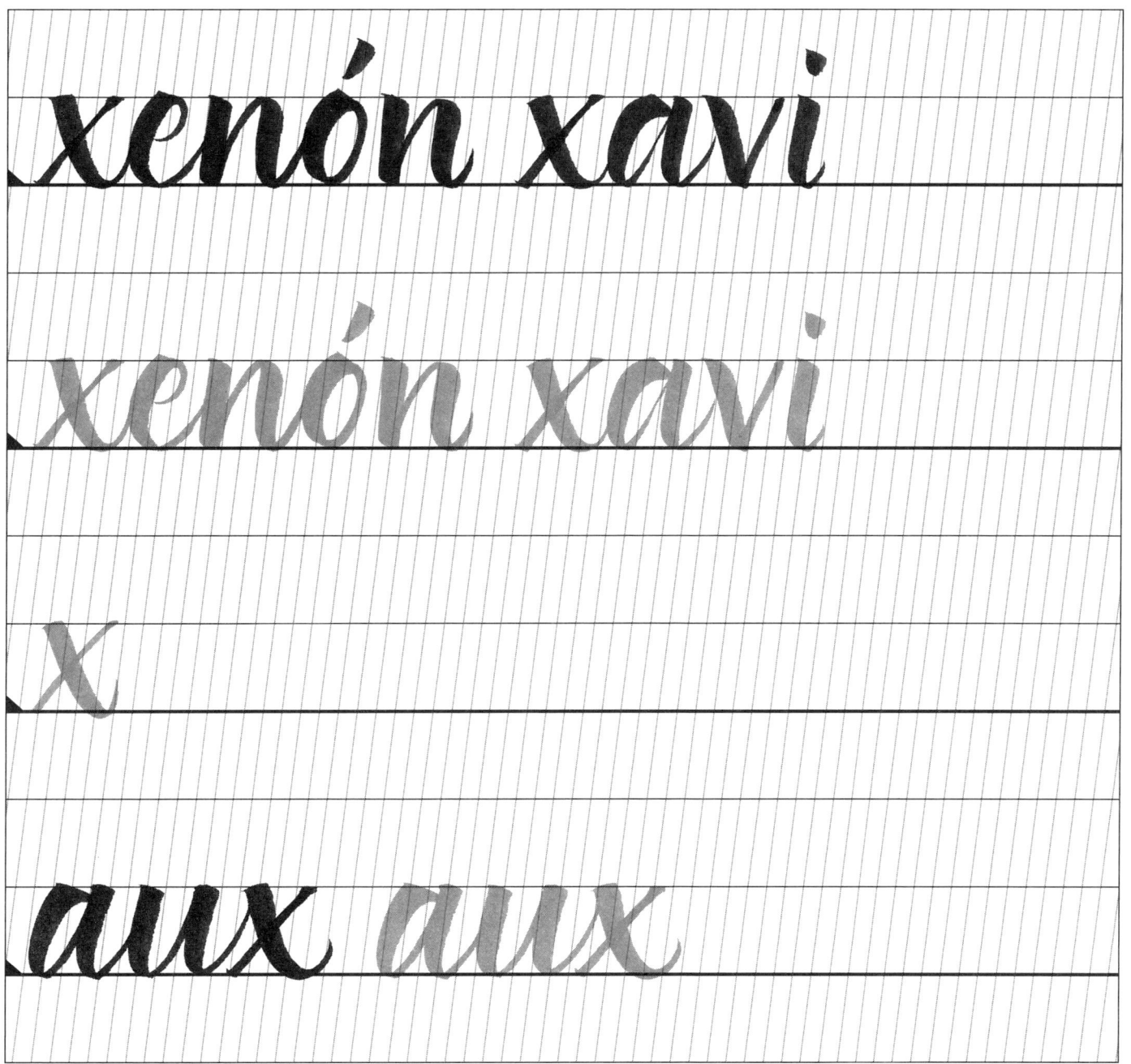

CALIGRAFÍA CON PINCEL

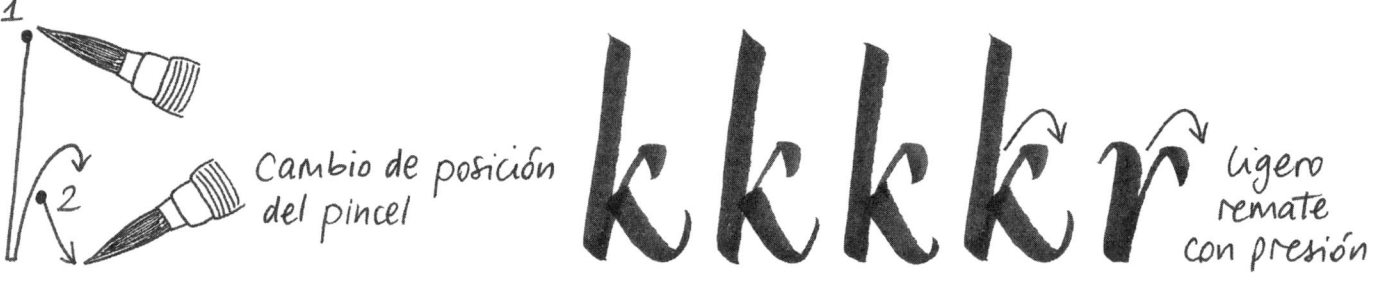

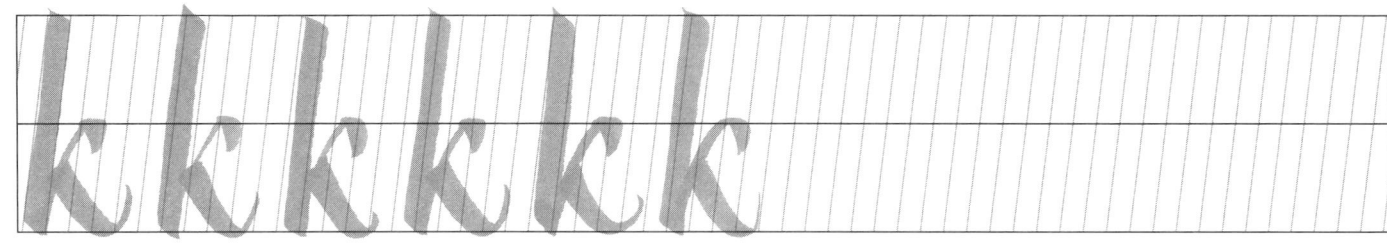

kit kayak kilo

kit

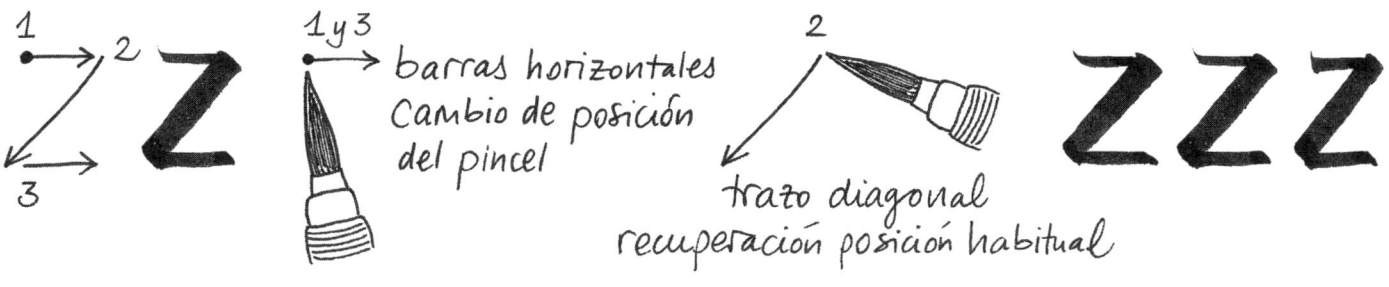

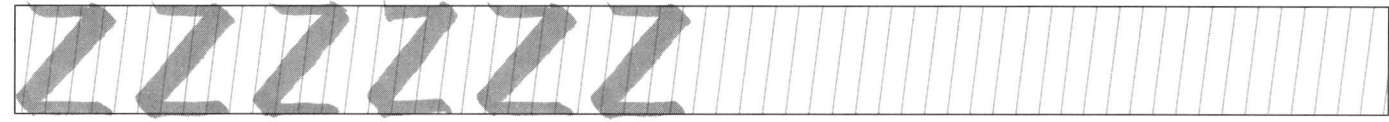

zas! zulo zen

zas!

karaoke vida

yang lacón

LIGADURAS Y FORMAS ALTERNATIVAS

Como habrás visto hasta ahora, hay algunas formas de letras que hemos aprendido que no permiten ser ligadas con las letras que le siguen. Son, sobretodo, letras que no siguen la estructura de zigzag propia de las familias de la «n» y de la «a». Es por este motivo que existen formas alternativas con *ductus* derivados de la caligrafía inglesa que nos pueden ayudar cuando busquemos escribir palabras de manera continua, sin cortar el trazo entre caracteres.

Aún así, es importante aclarar que aunque queramos obtener una palabra donde todas sus letras parezcan enlazadas, en el momento de escribirlas levantaremos el pincel entre las letras que no sigan esta estructura de zigzag que llevamos viendo desde el inicio. Veámoslo mejor en el ejemplo: «boreal» no ha sido escrita de un único trazo continuo, sino que se han hecho tres trazos diferentes pegados entre ellos.

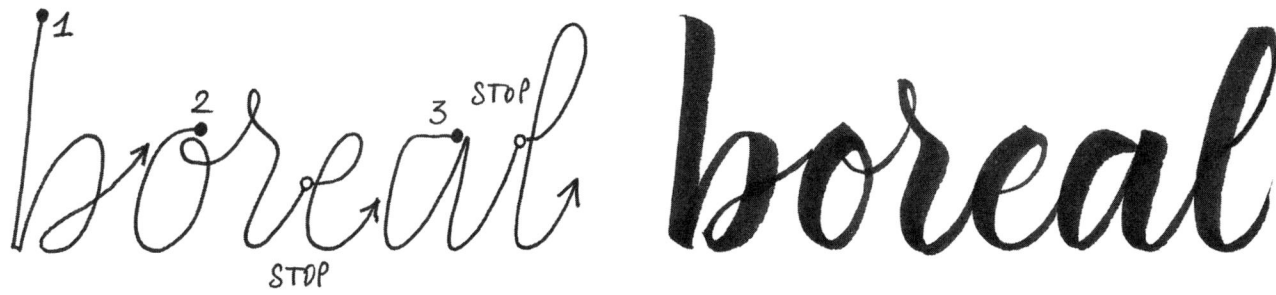

STOP: parada para cambiar dirección del trazo sin levantar el pincel.

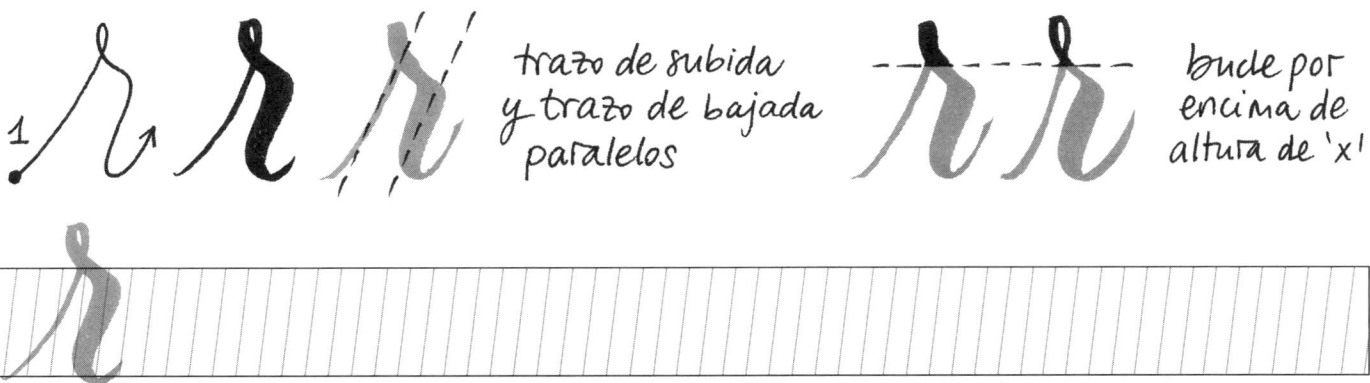

trazo de subida y trazo de bajada paralelos

bucle por encima de altura de 'x'

CALIGRAFÍA CON PINCEL

1. bucle por encima de altura de 'x'

1. subidas y bajadas paralelas

garra terroso

garra

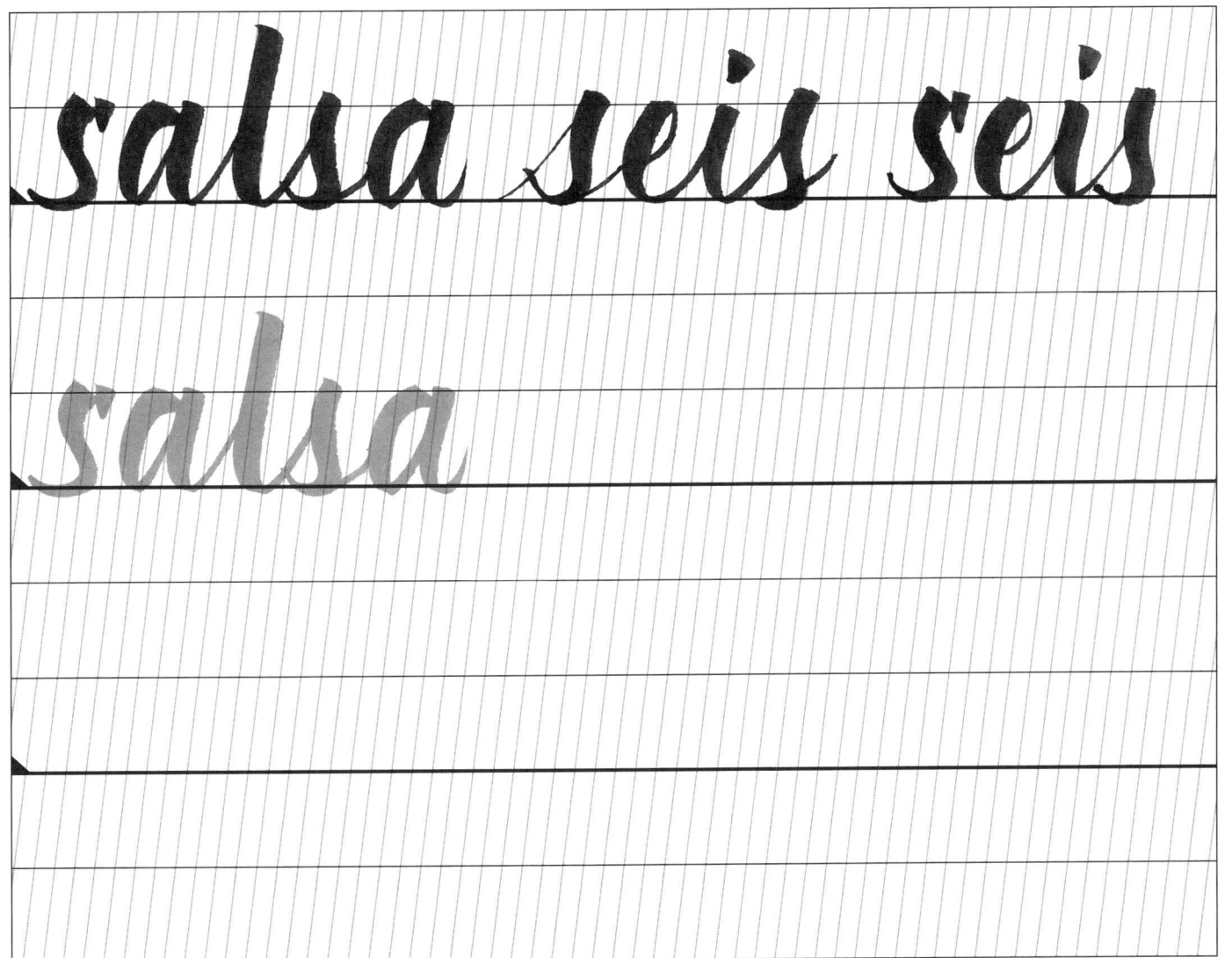

CALIGRAFÍA CON PINCEL

debajo de altura de 'x'

vena vivir web

vena

mínima
presión

STOP

entrada de la letra bien fina
(Conexión con letra anterior)

STOP

STOP: parada para cambiar dirección del trazo sin levantar el pincel.

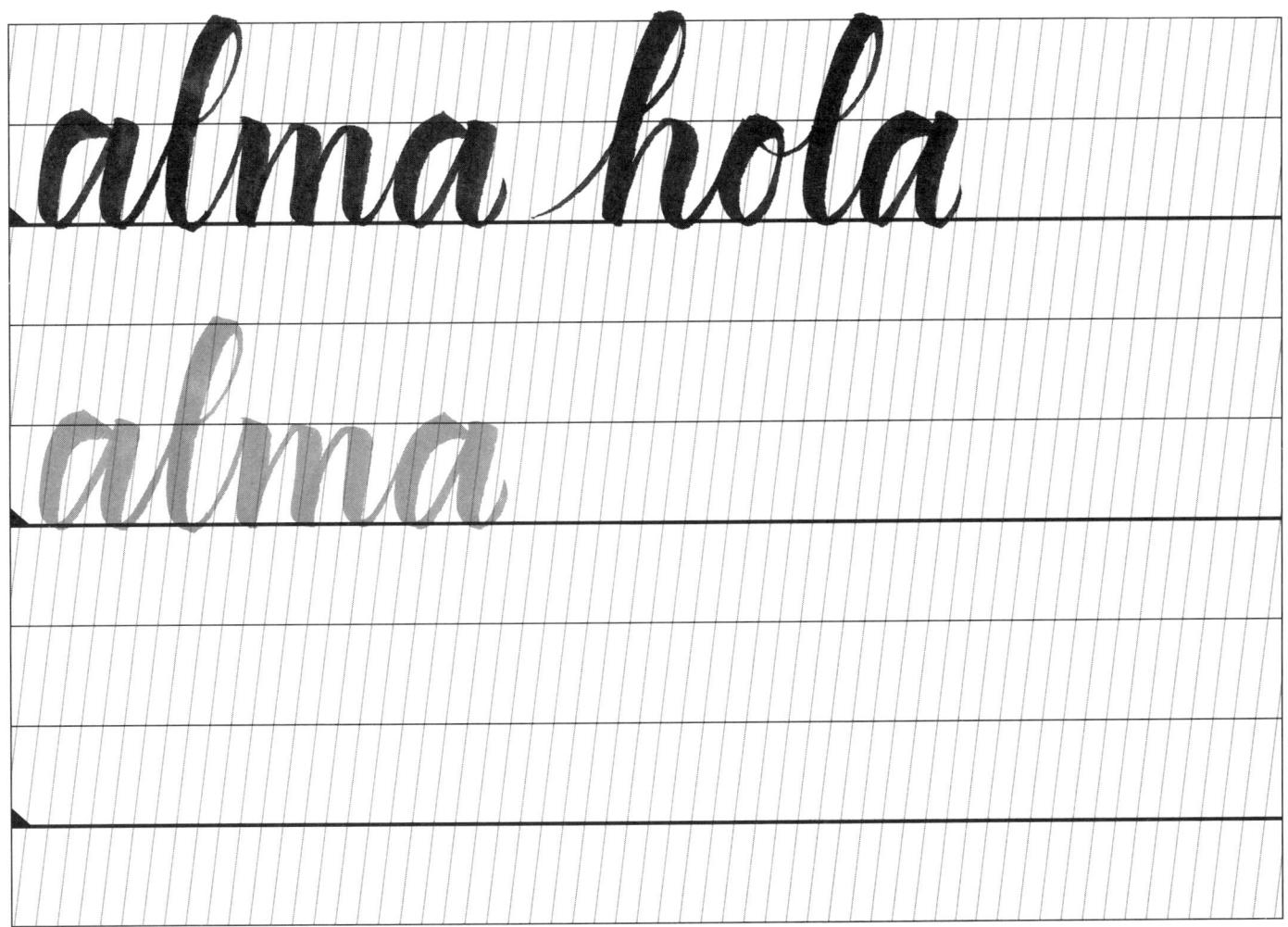

CALIGRAFÍA CON PINCEL

toda de un
solo trazo

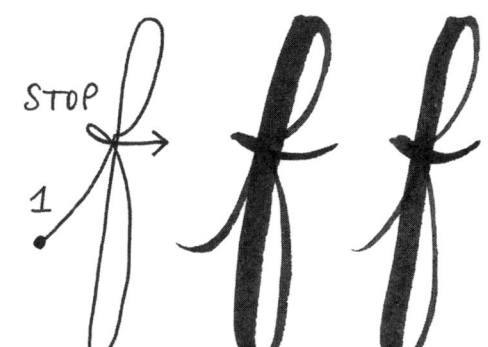

STOP: parada para cambiar dirección del trazo sin levantar el pincel.

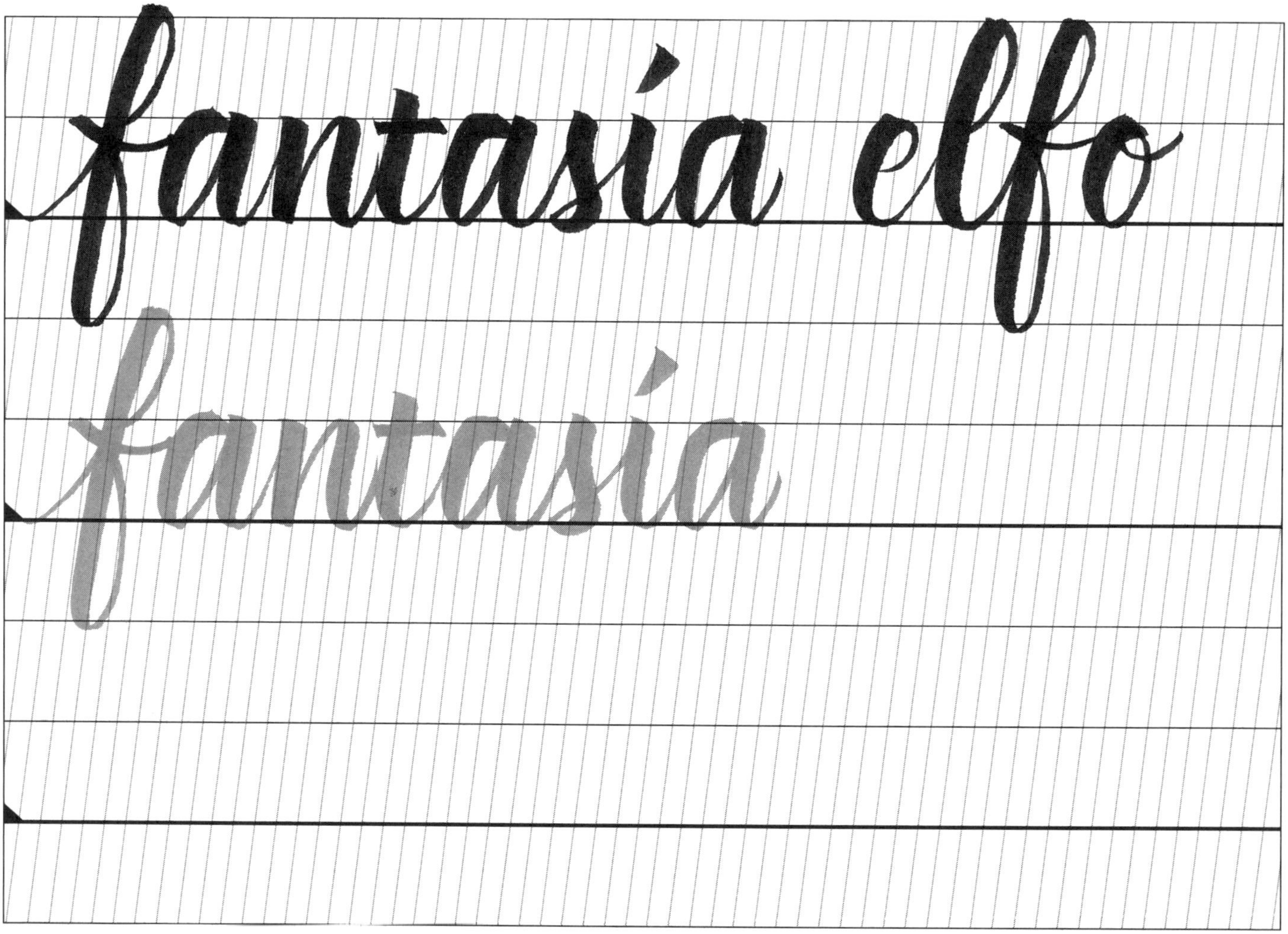

fantasía elfo

fantasía

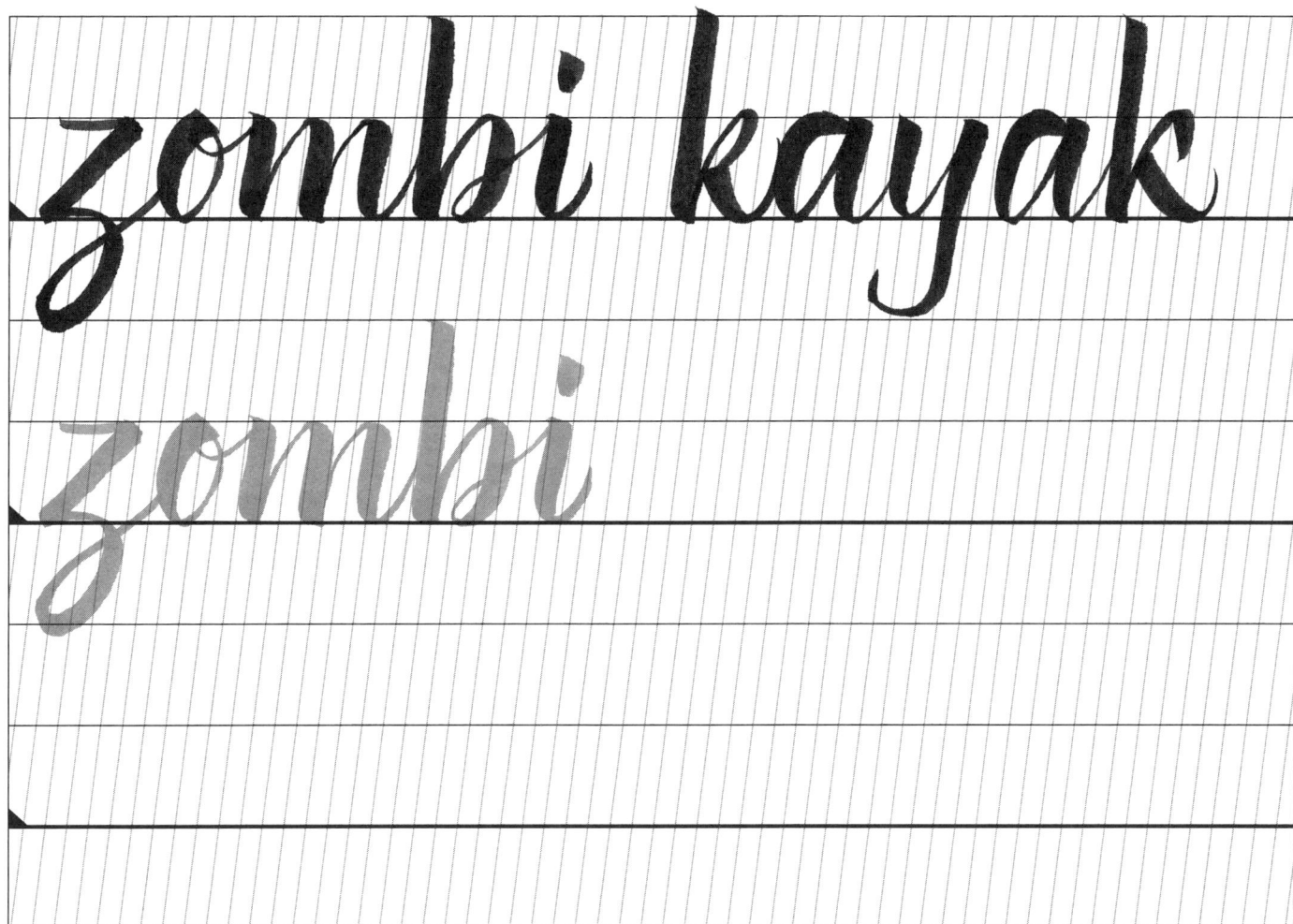

todas de un solo trazo

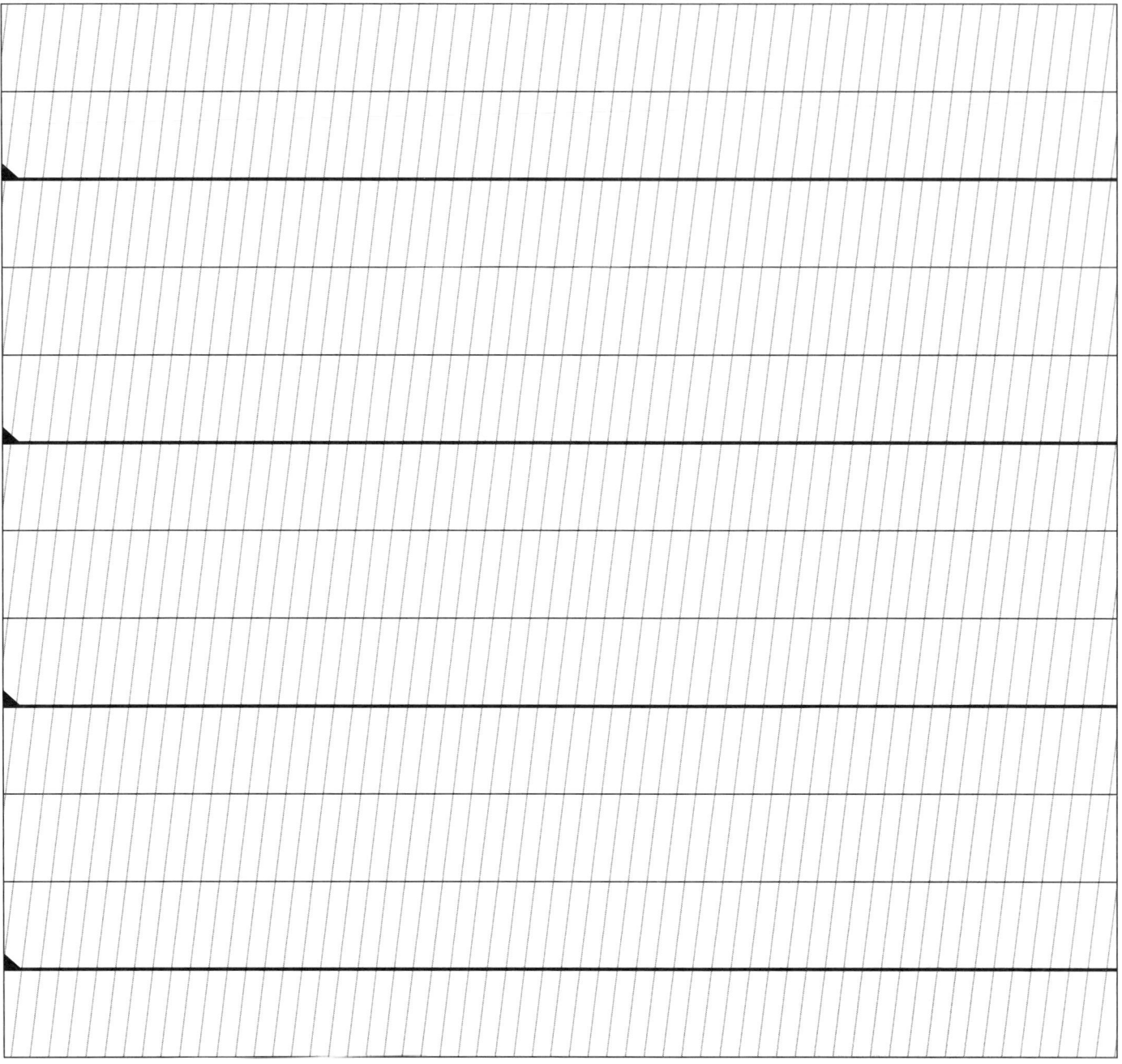

PANGRAMA

Ahora que ya hemos visto cómo escribir todas las letras del alfabeto llegó el momento de realizar un pangrama: una única frase donde se utilizan todas ellas. Este es uno de los ejercicios más habituales y completos en el estudio de un estilo caligráfico determinado.

pack my box with five dozen liquor jugs

Fíjate que la altura de las ascendentes y las descendentes se ha reducido levemente respecto a la altura de «x» —que sí hemos mantenido. Este cambio nos permite unir un poco más las líneas de texto entre ellas y hacer ligeramente más compacta la composición.

Existen pangramas en la mayoría de idiomas. En internet encontrarás fácilmente muchas de estas curiosas frases. Cualquiera será válida para seguir escribiendo y poner en práctica todo lo que hemos aprendido. Trata de mantener siempre un ritmo bien regular y pierde el miedo a escribir frases largas o textos.

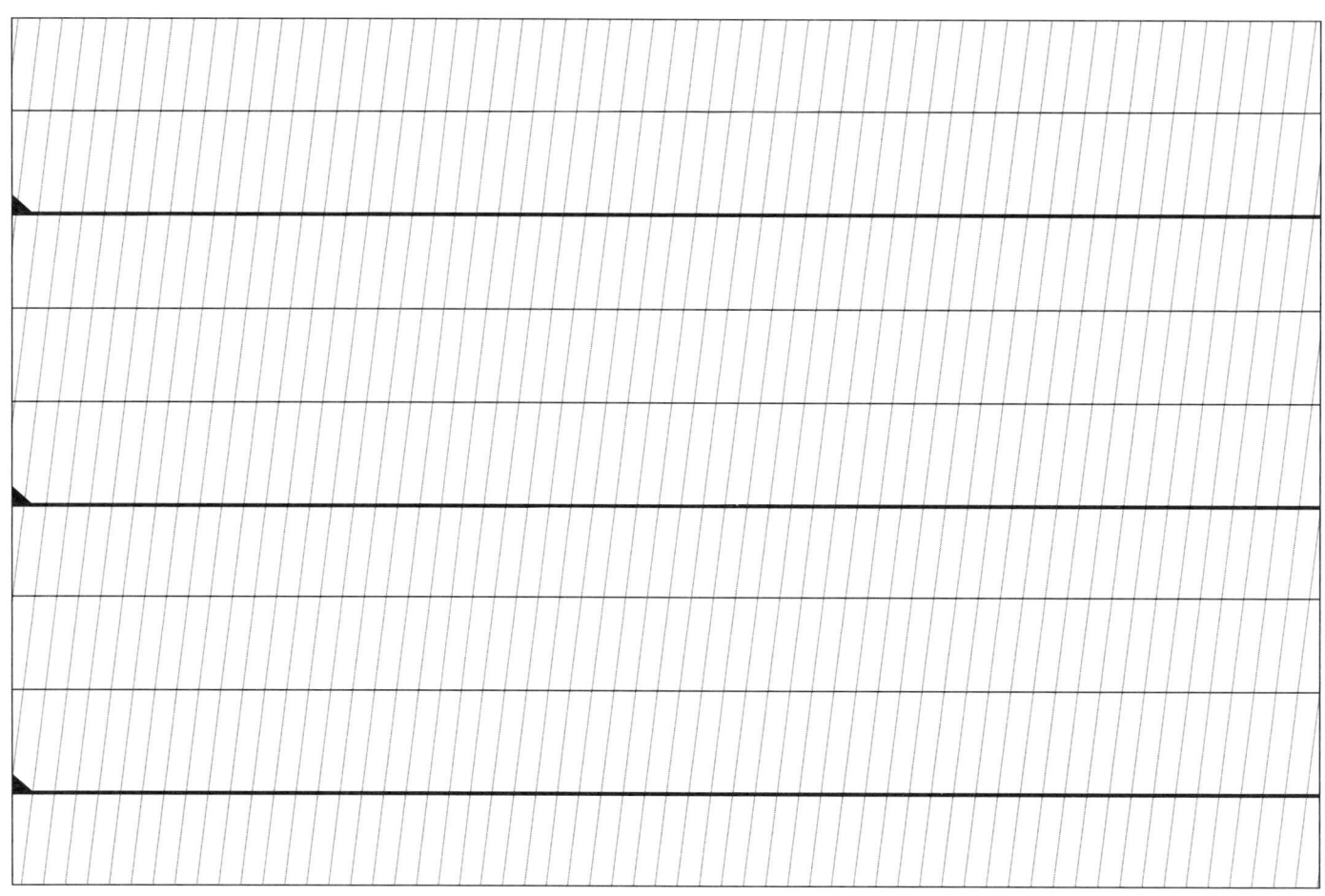

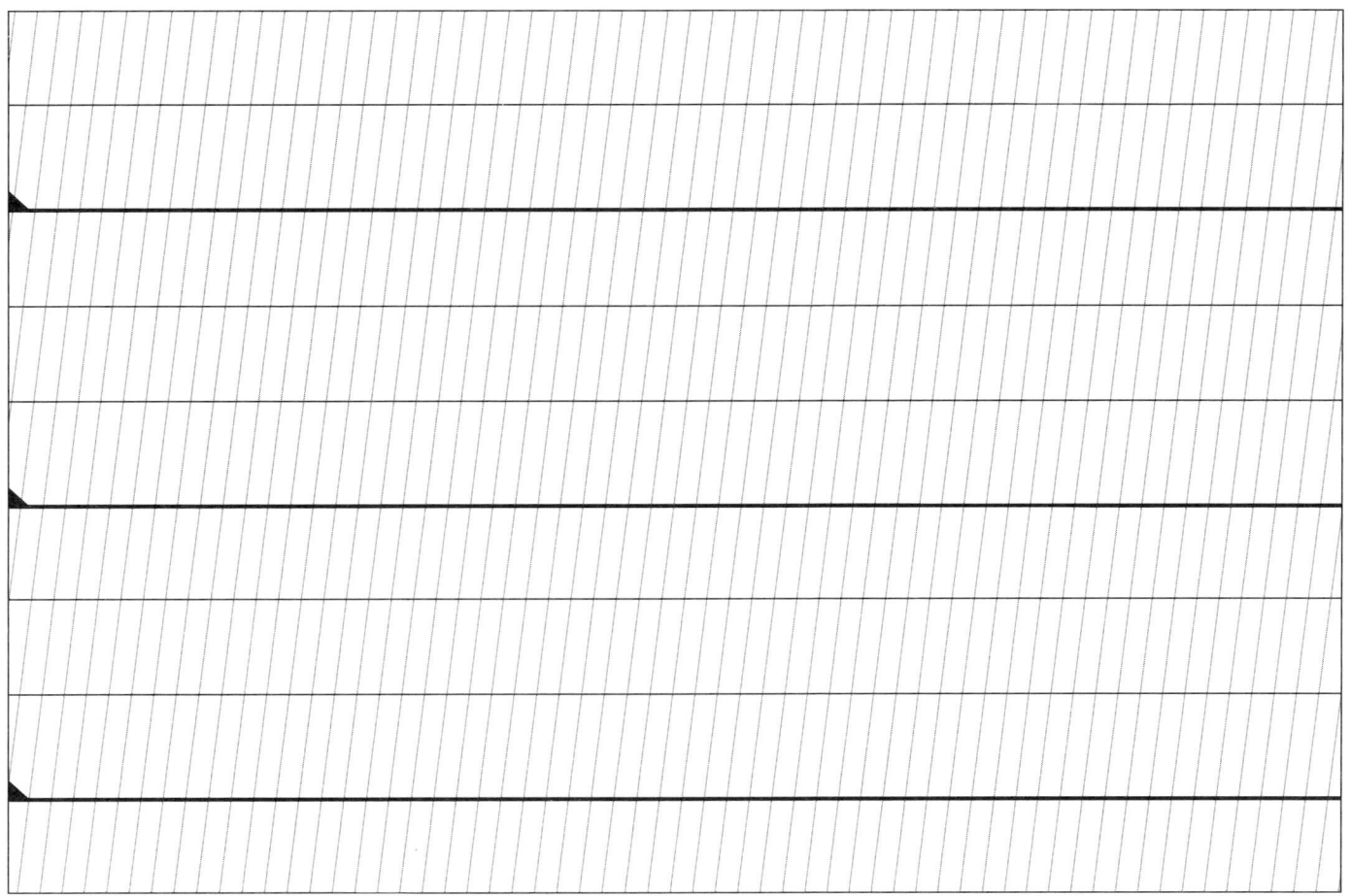

Pentel

Todos los ejemplos caligráficos que se muestran en este libro han sido realizados con el Pincel Color Brush de la casa japonesa Pentel®.

El Color Brush —con referencia GFL— es un pincel de cuerpo de plástico, recargable con pintura al agua de colores brillantes y muy intensos que tratados con agua producen un efecto transparente como los de la acuarela. El modelo dispone de una variedad de 18 colores distintos.

La válvula de su interior facilita que la tinta fluya pero no se derrame, permitiendo el control del fluido de la tinta y el ancho del trazo en función de la presión que se haga. Y su punta, de nailon de gran calidad, hace que mantenga la forma y que el pincel sea muy resistente y duradero.

Aparte de utilizarse para realizar caligrafía, también es válido para el manga, el dibujo y el bosquejo. En cualquier caso, la comodidad de llevar la tinta incorporada hace que se pueda utilizar donde y cuando se desee.